KB058991

나는 직장에 다니면서
12개의 사업을 시작했다

The 10% Entrepreneur:
Live Your Startup Dream Without Quitting Your Day Job
by Patrick J. McGinnis
First published by Portfolio / Penguin,
an imprint of Penguin Random House LLC, New York.

Copyright ⓒ 2016 by Patrick J. McGinnis
All rights reserved including the right of reproduction
in whole or in part in any form.

Korean Translation Copyright ⓒ 2016 by The Business Books and Co., Ltd.
This edition published by arrangement with Patrick J. McGinnis in care of Portfolio,
an imprint of Penguin Publishing Group, a division of Penguin Random House LLC,
New York through Milkwood Agency, Seoul.

이 책의 한국어판 저작권은 밀크우드 에이전시를 통해
저작권자와 독점 계약을 맺은 (주)비즈니스북스에게 있습니다.
저작권법에 의해 국내에서 보호를 받는 저작물이므로 무단 전재와 복제를 금합니다.

시간과 수입의 10% 투자로 흔들림 없는 미래를 완성하는 법

나는 직장에 다니면서 12개의 사업을 시작했다

패트릭 맥기니스 지음 · **문수민** 옮김

비즈니스북스

옮긴이 **문수민**

홍익대학교에서 예술학을 전공하였으며 글밥 아카데미 수료 후 바른번역 소속 전문번역가로 활동 중이다.
역서로는 《디자이너 브랜드 시작하기》, 《얼굴과 손 그리기》, 《리스크 판단력》, 《인생의 끝에서 다시 만난 것들》, 《독한 충고》, 《마우이 섬으로 가는 길》, 《1분 협상수업》, 《초콜릿 초콜릿》, 《워런 버핏의 위대한 유산》, 《킨포크》, 《왜 회사에서는 이상한 사람이 승진할까?》, 《면접이 막막할 때마다 꺼내 읽는 책》 등이 있다.

나는 직장에 다니면서 12개의 사업을 시작했다

1판 1쇄 발행 2016년 9월 30일
1판 11쇄 발행 2022년 10월 28일

지은이 | 패트릭 맥기니스
옮긴이 | 문수민
발행인 | 홍영태
발행처 | (주)비즈니스북스
등 록 | 제2000-000225호(2000년 2월 28일)
주 소 | 03991 서울시 마포구 월드컵북로6길 3 이노베이스빌딩 7층
전 화 | (02)338-9449
팩 스 | (02)338-6543
대표메일 | bb@businessbooks.co.kr
홈페이지 | http://www.businessbooks.co.kr
블로그 | http://blog.naver.com/biz_books
페이스북 | thebizbooks
ISBN 979-11-86805-36-7 03320

* 잘못된 책은 구입하신 서점에서 바꾸어 드립니다.
* 책값은 뒤표지에 있습니다.
* 비즈니스북스에 대한 더 많은 정보가 필요하신 분은 홈페이지를 방문해 주시기 바랍니다.

비즈니스북스는 독자 여러분의 소중한 아이디어와 원고 투고를 기다리고 있습니다.
원고가 있으신 분은 ms1@businessbooks.co.kr로 간단한 개요와 취지, 연락처 등을 보내 주세요.

| 차 례 |

세계 경제의 지형도를 바꾸는 기술, 기회, 사고방식이 변하고 있다. 이것을 아는 독자라면 작은 파문에 불과했던 변화가 이미 커다란 파도로 바뀌었다는 사실도 눈치 챘을 것이다. 요즘은 어디를 둘러보나 본업을 유지하면서도 유동적이고 자율적인 삶을 좇으며 사업가의 사고방식entrepreneurship을 길러 나가는 이들이 가득하다. 대학을 갓 졸업한 사회 초년생이 랍스터 롤 샌드위치를 파는 장사를 시작하고, 디자이너가 잘나가는 아동복 회사를 운영하는가 하면, 성경 공부 모임에서 만난 친구들끼리 수제 맥주 회사를 차린다. 모두 투잡으로 해 나가는 일이다. 이들에게 사업이란 모든 것을 걸어야 하는 일이 아니라 일상을 조금 더 확장하는 걸 의미한다. 이들의 사업은 삶을 더욱 풍요롭고 흥미롭게 해 주는 한편 위로 뻗어 나가는 기회와 만일을 위한 안전망을 동시에 마련해 준다.

나는 그런 식으로 사업하는 사람들을 '10퍼센트 사업가'10% Entrepreneur 라 부른다. 그들은 가용 시간의 10퍼센트, 가능하면 자산의 10퍼센트를 새로운 사업과 기회에 투자하는 사람을 말한다. 10퍼센트 사업가는 기존의 경험과 인맥을 활용해서 자신의 장점과 관심사, 커리어와 맞아떨어지는 사업 기회를 고른다. 그래서 자신이 만들어 내는 모든 성과의 주인이 될 수 있다. 살다 보면 회사, 진로, 직무 등이 여러 번 바뀐다. 하지만 10퍼센트 사업가는 언제나 가장 중요한 고용주, 바로 나 자신을 위해 수익을 창출한다.

처음부터 확실히 짚고 넘어갈 점이 있다. 이 책은 회사원으로서의 삶에 반기를 드는 게 아니다. 오히려 그 반대다. 앞으로 10장에 걸쳐 직장에서 최선을 다하는 한편 새로운 역량을 쌓는 방법을 익힐 것이다. 회사에서도 더 많은 성과를 올리는 데 도움이 되고 동시에 개인적인 사업에도 활용할 수 있는 역량이다. 기존의 직장은 여러모로 고마운 곳이다. 노하우를 배우고, 인맥을 쌓고, 리스크 관리법을 익히고, 팀으로 일하는 무대를 제공하기 때문이다. 또한 승진, 교육, 사회 활동 등의 기회도 누릴 수 있다. 너 나 할 것 없이 매우 귀중한 요소다. 그뿐 아니다. 지금의 직장에 감사해야 하는 가장 큰 이유는 안정된 연봉과 복지를 제공한다는 점이다. 이 같은 장점을 당연시하는 것은 금물이다. 그러나 내가 역경에 처해서야 겨우 깨달은 것처럼 당신 또한 본업에만 안주하기보다는 그 이상의 무언가를 추구하는 것이 바람직하다.

내가 10퍼센트 사업가의 길에 첫발을 내디딘 것은 신흥 시장 투자 펀드의 부회장으로 근무하며 전 세계의 벤처 캐피털과 사모 펀드에 투자하던 시절이었다. 파키스탄, 콜롬비아, 아랍에미리트, 폴란드, 터키, 중국, 필리핀 등 세계를 누비며 다양한 지역의 기업과 일하는 것이 내 본업이었다. 언제나 시차 피로에 시달리긴 했지만 여행, 지적 자극, 경제적 보상이 완벽하게 어우러진 업무 환경은 정말 만족스러웠다. 게다가 제임스 본드가 된 듯한 순간도 몇 차례 맛볼 수 있었다. 뉴욕에서는 지하철을 타고 출근했지만 이스탄불, 카라치, 보고타에서는 중무장한 경호원에 둘러싸여 방탄 SUV를 타고 다니거나 자가용 요트를 타고 만찬을 즐기러 가는 거물과 어울리곤 했다.

만성화된 시차 피로 때문에 미처 눈치 채지 못한 것일까. 2008년 세계를 휩쓴 금융 위기는 부지불식간에 나를 강타했다. 파크 애비뉴의 사무실에 앉아 경제 방송에서 보도하는 위기 상황을 보면서도 이 같은 변화가 내게 큰 영향을 미칠 거라 생각하지 못했다. 하지만 파도가 나를 덮쳤다. 운 나쁘게도 내 투자 펀드는 AIG 그룹에 속해 있었다. 문제의 AIG였다. 금융 위기의 여파 속에서 심야 방송의 코미디언, 피켓을 든 시위대를 비롯해 모든 사람의 공공의 적이 된 바로 그곳 말이다. 뉴햄프셔 주 하원의원 폴 호즈는 "이제 AIG는 거만, 무능, 탐욕의 동의어입니다."라고 주장하기도 했다.[1]

다시 들어도 가슴 쓰린 말이다.

상황이 명약관화했는데도 나는 눈앞에서 왜 이런 일이 일어나는지

납득하지 못했다. 대체 왜 이렇게 된 건지 알 수 없었다. AIG는 대담무쌍하게 투자하는 화려한 헤지 펀드가 아니었다. 조 달러 단위의 재무제표가 있는 따분한 보험 회사일 뿐이었다. 자그마치 조 단위였다. 아무리 생각해도 잘못될 여지라곤 없을 성싶었다.

하지만 알고 보니 덩치만큼이나 큰 사고를 칠 만한 여지가 있었다. 일단 다른 부서까지 불똥이 튀기 시작하자 1조 달러로도 AIG를 구제할 수 없었다. 내가 관리하는 부서는 회사를 무너뜨린 위험한 투자와 전혀 무관했지만, 그런 건 아무 의미도 없었다. 고작 며칠 만에 미국 정부는 AIG를 사실상 국유화하겠다는 계획을 발표했다. 눈 깜짝할 사이에 모든 것이 바뀌었다. 1조 달러 규모의 사업체에서 일하는 대신 이제 국가를 위해 일하게 된 것이다. 그 뉴스를 듣고 노트북을 켠 뒤 페이스북 상태 메시지를 바꿨다. "패트릭 맥기니스는 여러분, 바로 미국의 납세자를 위해 일하게 되어 자랑스럽습니다."

그 순간 내 삶은 드디어 변화하기 시작했다. 다음 날 잠에서 깨자 내 안의 무언가가 바뀌어 있었다. 회사는 이제 예전 상태로 돌아갈 일이 없을 테고, 내 미래도 불투명했지만 나는 여전히 생기와 활력이 넘쳤다. 사실 묘하게 자유로워진 느낌이 들었다. 지금까지 커리어를 바라보던 내 시각에도 의문을 품었다. 그 후 몇 달간 커리어를 쌓는다는 게 어떤 의미인지 논리적으로 이해하려고 해 봤지만 결국은 계속 같은 질문, '난 어디서부터 잘못한 걸까?'로 돌아오고 말았다. 시간이 흐르면서 답은 바로 내 눈앞에 있다는 것을 깨달았다. 나는 순진하게도 안정되고 안전한 일개 기업이 내게 필요한 모든 것을 마련해 주리라 기대했던 것이다. 내 경우 운 나쁘게도 그런 안정감은 신기루에 불과했다.

사실 나는 운이 좋았다고 생각한다. 금융 위기가 닥치지 않았다면 언제까지나 길 밖에는 어떤 선택권이 있는지 둘러보지도 않고 시선을 고정한 채 이미 정해진 길을 걸어갔을 테니까. 정석 코스를 밟고 하버드에서 MBA를 땄으니 내 커리어는 탄탄대로라고 믿어 왔다. 하지만 착각이었다. 실패를 피하기 위해 최선을 다하여 커리어를 쌓아 왔음에도 AIG의 주식이 폭락하면서 나는 편안하고 안정된 자리에서 나락으로 굴러 떨어졌다.

심각한 문제가 더 남아 있었다. 앞으로 어떻게 해야 할지 전혀 알 수 없어진 것이다. 사회에 발을 들인 뒤 10여 년간 정석대로 살았을 뿐 대안 따위는 생각해 놓지도 않은 터였다. 하지만 좋은 소식도 있었다. 이제 나는 자유의 몸이었고 지금까지와 다른 훨씬 흥미로운 길을 걸을 수 있는 것이다. 또 분명히 알게 된 사실도 있었다. 앞으로는 절대 내 커리어를 한 기업의 운명에 통째로 맡기지 않겠다는 것이었다. 그 점만 제외하면 앞으로 걸어갈 세상은 활짝 펼쳐져 있었고 잃을 것도 없었다. 안전한 선택만 했다가 이런 결과가 나왔으니, 어쩌면 지금이야말로 리스크를 무릅쓰고 사업을 해 볼 시점이 아닐까 싶었다.

하지만 얼마간 나 자신을 분석한 결과, 전업 사업가가 된 내 모습은 도저히 상상할 수 없었다. 적어도 당장 사업에 뛰어들 수 있을 것 같지 않았다. 그럴듯한 사업 아이디어도 없었고, 매일 출근하는 직장이 주는 안정감도 포기하고 싶지 않았다. 무엇보다도 나라는 사람은 사업가와 거리가 먼 것 같았다.

사회에 진출하고 10여 년간 사업이란 남들이나 하는 것, 내게는 맞지 않는 것이라 생각했다. 나는 남들이 으레 밟는 안전한 길을 걷는 대기업의 직원이자 '직장인'이라는 틀에 잘 맞는 사람이라 믿었다. 내겐 그것으로 충분했다. 투잡을 하기에는 회사 일에 너무나 많은 에너지를 소비했다. 회사를 벗어나 따로 신생 벤처에 투자하는 친구들과 이야기할 때면 속으로 웃었다. '대체 왜 자유 시간에 일을 하려는 거지?'

리스크를 무릅쓰기도 싫었다. 어떤 사람들에게는 사업이 가슴 뛰는 선택이겠지만, 미국의 소도시에서 자란 나는 실패라는 낱말을 떠올리기만 해도 두려웠다. 물려받을 재산도 없는 터, 사업한답시고 설치다가 월가에서 밀려나면 부모님 댁 문간방에서 살아야 했다. 작은 욕실과 텔레비전이 딸린 깔끔한 방이지만 그래도 싫었다. 직장 생활에 따르는 특권도 좋았고, 무엇보다 꼬박꼬박 들어오는 월급을 마다한 채 100퍼센트 보장이 안 되는 도박을 하고 싶지는 않았다. 기꺼이 나는 '0퍼센트 사업가'에 머물렀으며 세상에서 가장 크고 안전한 회사에서 일한다는 것만으로 만족했다.

그러나 금융 위기는 모든 것을 뒤바꿔 놓았다. 앞으로 어떻게 할지 머리를 싸매고 고민하는 사이, 내가 해낼 수 있으면서도 안정된 새 커리어를 일궈 나가야 한다는 생각이 들었다. 하지만 실천에 옮길 수조차 없을 정도로 어렵거나 급진적인 계획을 짠다면 아무 의미도 없을 터였다. 처음부터 다시 시작할 셈이라면 현실을 고려해야 했다. 그리고 생각했다. 전업 사업가가 되는 대신 직장 생활을 하면서 사업을 끼워 넣는 방법을 찾으면 어떨까? 어쩌면 지금껏 계속 거꾸로 생각한 게 아닐까? 사업이란 본질적으로 리스크를 떠안아야 하는 일이 아니라 안전한 보험이 되는 일이라면!?

사업을 긍정적이고 실용적인 관점으로 바라보기 시작하면서 친구나 지인에게 사업 이야기를 꺼냈다. 그러자 얼마 지나지 않아 주변의 사업가가 눈에 들어오기 시작했다. 출장길에 탄 비행기 옆자리에 앉은 남자는 장난감 회사에 자금을 투자한다고 했다. 주말을 할애해서 새 패션 브랜드를 론칭하려고 준비하는 친구 소식도 들려왔다. 그 친구는 지적 자산을 제공하는 대가로 주식을 배당받는 한편 자금도 투자하고 있었다. 예전 직장 동료가 IT 분야에서 쌓은 명성을 바탕으로 전 세계의 스타트업을 상대로 사업상 자문을 해 준다는 말도 전해 들었다. 이들은 내가 처음으로 접한 10퍼센트 사업가였다. 비록 그들이 무슨 일을 하는지 정확하게 이해하지는 못했지만 한 가지는 분명했다. 모두 뭔가 따로 하는 일이 있었다.

어떻게든 10퍼센트 사업가가 되어야겠다는 마음이 굳어질수록 회의도 짙어졌다. 마음속의 의문도 늘어났다. 어떻게 시작하지? 어떻게 하면 무얼 해야 좋을지 알 수 있을까? 시간과 돈은 충분할까? 감수해야 할 리스크는 얼마나 될까? 나한테 올바른 결정을 내릴 판단력과 경륜이 있을까?

그리고 5년이 흐른 지금, 나는 당시 품었던 의문에 대한 답을 구했다. 10퍼센트 사업가는 타고나는 게 아니라 만들어지는 것이며, 내가 그랬듯 배워서 손에 넣을 수 있는 자리라는 사실도 확신하게 되었다. 이 책에 등장하는 이들과 마찬가지로 나 또한 역량, 관심사, 인간관계를 담아낸 직업 활동의 포트폴리오를 만들었다. 그리고 전부 통틀어 12개의 사업형 벤처에 시간과 자금을 투자했다. 이들 중 일곱 곳은 자금뿐 아니라 시간 투자에 대한 대가로 지분을 배당받기도 했다. 돈으로 지분을 산 것이 아니라 소위 '땀의 지분'을 얻어 낸 것이다.

명확한 방법론을 바탕으로 투자처를 고르고 포트폴리오를 쌓은 덕분에 미래를 향한 가능성을 열어 나가는 동시에 수익도 얻었다. 현 시점까지 투자금의 두 배를 현금화했고, 남은 지분의 시장 가치는 원 투자금의 열 배를 뛰어넘는다. 장기적으로 가치가 상승하리라 기대할 수 있고 현금 배당금의 형태로 지속적인 수익이 들어오는 세 군데의 부동산에도 투자했다. 수익도 수익이지만 투자 과정 자체도 무척 재미있고, 이 책에도 등장하는 멋진 사람들과 더불어 일할 수 있는 기회도 얻었다. 이처럼 멋진 경험은 커리어에 대한 고정관념을 근본부터 바꿔 놓았다. 사실 후회하는 점은 하나뿐이다. 왜 진작 시작하지 않았을까? AIG가 무너진 다음 날, 삶과 본업이 안정될 때까지 안전한 대안이 되어 줄 다양한 투자 포트폴리오가 마련되어 있었다면 그만큼 걱정하고 괴로워하지 않았을 것이다. 잃어버린 것을 안타까워하는 대신 내 에너지를 어딘가 긍정적인 곳, 즉 10퍼센트 사업에 집중할 수 있었을 것이다.

하지만 지금 시작해도 좋다. 이 책은 당신이 지금까지 쌓아 온 커리어에 사업이라는 요소를 끼워 넣는 발판을 마련해 줄 것이다. 그리고 수년 전의 내게 꼭 필요했던 조언도 담겨 있다. 제1부 '새로운 사업의 시대'는 10퍼센트 사업이 대세가 되어 가는 까닭과 수많은 이들이 커리어에 사업 요소를 녹여 넣는 이유를 보여 준다. 또한 10퍼센트 사업가의 다섯 가지 유형도 제시한다. 제2부 '두 개의 명함, 두 개의 통장'은 커리어의 새로운 국면을 열어 주는 전략을 쌓는 데 필요한 단계별 길잡이를 담았다. 제3부 '성공하는 사업에는 특별한 게 있다'는 10퍼센트 사업을 하면서 만나게 될 문제와 위기에 적절히 대처해 사업을 장기전으로 끌고 가는 방법을 알려 준다.

책 이곳저곳에서 현실의 10퍼센트 사업가를 만나 볼 것이다. 전 세계 다양한 업계에서 활약하며 자신의 핵심 역량을 십분 활용하는 이들이다. 디자이너, 소프트웨어 엔지니어, 출판 에이전트, 자동차 영업사원, 홈쇼핑 프로듀서, 의사, 전업주부, 학생, 변호사, 금융 업계, 컨설팅, 기술 분야 종사자, 다양한 직위의 회사원 등 본업도 다양하다. 각기 뜯어보면 전혀 다른 사람들이지만 모두 엇비슷한 접근법을 통해 10퍼센트 사업을 시작했으며 관리해 나가고 있다. 이들의 전략은 따라 하기도 쉽다. 찬찬히 뜯어본 뒤 내 환경에 맞게 적용하면 된다.

투잡으로 사업하는 것은 탁상공론이 아니라 실용적인 선택이다. 도저히 실천할 수 없는 꿈같은 주장이 아니다. 이 책에 담은 계획을 행동으로 옮기는 데 MBA, 법학 학위 혹은 다른 전문 자격증 따위는 필요 없다. 수십 년의 경험, 수백만 달러의 예금도 필요 없으며 뉴욕, 샌프란시스코, 런던 등 사는 곳 또한 아무 문제가 되지 않는다. 단지 나 자신의 능력을 믿고, 필요할 때 남의 도움을 구하겠다는 마음가짐을 갖추고, 시작하는 데 필요한 몇 가지 도구만 있으면 된다.

일러두기

국내에서는 일반적으로 'entrepreneur' 'entrepreneurship'을 '기업가' '기업가정신' 또는 '창업가정신'으로 번역하는 경우가 많은데, 직장에서 노동을 제공하여 임금을 받는 본업 외에 수익을 창출하는 방법과 그 스토리를 담고 있는 이 책의 맥락을 고려하여 'entrepreneur'는 '사업가'로 'entrepreneurship'은 '사업' 또는 '사업가적인 사고방식'이라 번역했다.

제1부

새로운
사업의 시대

•

THE 10% ENTREPRENEUR

제1장

한 가지 직업만으로는
충분하지 않다

하루아침에 나태해지는 사람은 없다. 아침에 일어나서 거울을 보고 '오늘은 좀 나태하게 살아야지' 하며 어깨를 으쓱하고 다시 침대로 기어 들어가는 사람은 없다. 나태란 가랑비에 몸이 젖듯 나도 모르는 사이에 배어드는 것이다. 사회 초년생 시절 잘 맞지 않을 듯싶은 회사에 취직한 적이 있다. 근로계약서에 서명하는 순간 속이 뒤틀리면서 이건 정말 아니라는 생각이 들었지만 다른 선택지가 없었고 학자금 대출은 산처럼 쌓여 있었다. 억지로 일을 시작한 지 세 달쯤 지났을까, 한낮에 책상 아래 숨어 늘어지게 낮잠을 자고 일어나니 내가 지나칠 정도로 나태해졌다는 위기감이 들었다. 다음 날 다시 구직 시장에 뛰어들었고, 곧 운명에 이끌리듯 AIG로 이직했다.

그러던 어느 날 금융 위기가 전 세계를 강타했다. 금융 위기의 여파 때문에 이직도 예전처럼 쉽지 않았다. 엉망진창이 된 경제 상황에서 꼼짝없이 AIG에 갇힌 몸이 된 것이다. 나는 그 상황에서 뭔가 건설적인 일을 하거나 낮잠을 즐기는 대신 삐딱하게 행동하기 시작했다. 사무실에서 내 흔적을 모조리 지웠다. 책상의 책, 노트, 심지어 액자조차도 남의 눈에 띄지 않는 서류장이나 서랍에 쑤셔 넣었다. 복도를 지나다 유리벽 너머로 사무실 안을 들여다보면 주인이 없는 공간처럼 보일 정도였다. 이처럼 상징적인 행동을 통해 나라는 존재를 직장에서 지웠다. 그러고는 자조 섞인 말투로 '자체 구조조정을 단행했다'고 말했다.

미국의 모든 직장은 나태에 물들어 있다. 나처럼 책상 밑에 웅크린 채 코를 골거나 뒤틀린 방식으로 불만을 표출하지는 않을지언정, 업무에 집중하지 않는 사람이 많다. 2015년 미국의 근무 공간 실태에 관한 갤럽 조사에 따르면 직원 중 70퍼센트가 업무에 '몰입하지 않는 상태' 혹은 '적극적으로 일을 회피하는 상태'에 있다. 셈해 보면 수천만에 이르는 직장인이 '자체 구조조정'을 하고 있는 셈이다.

순진하게도 회사가 전부라 생각했다

회사에서 몽유병 환자처럼 지내는 직장인이 이토록 많은 건 당연한 일이다. 승진은 더 이상 커리어의 성공 여부를 가늠하는 척도가 아니다. 세계 경제가 우려될 만큼 규칙적으로 위기에 봉착하는 터, 정년

퇴직 기념 시계를 받을 때까지 한 회사에 뼈를 묻으리라 기대하는 이는 거의 없다. 호황과 불황의 사이클도 문제지만 기업의 윤곽을 계속 바꿔 놓는 합병, 생산 시설의 국외 이전, 아웃소싱, 인원 감축 등의 요인 때문에 직장인이 안정된 미래를 계획하기란 불가능에 가까워졌다.

미국 노동통계국에 따르면 베이비붐 세대는 22~44세에 평균 3.5년마다 이직했다고 한다.[1] 이런 풍조는 점점 가속화되고 있다. 밀레니엄 세대의 91퍼센트는 직장에서 3년 이상 근무하지 않을 거라 예상한다. 이 속도대로라면 앞으로 일반 근로자는 평생 스무 번가량 이직할 것이다.[2] 간단히 말해서 많은 이들의 머릿속에 자리 잡은 성과 중심의 직업관은 더 이상 유효하지 않다. 노력하여 승진하는 것이 불합리한 전략이 되면서 열심히 일하고 조심스럽게 행동하며 앞으로 나아가야 한다는 예전의 직업관은 효력을 잃고 말았다.

금융계, 법조계, 의료계 등에 몸담아도 경제적으로 성공하리라 장담할 수 없다. 확실한 건 아무것도 없다. 단순히 2008년 금융 위기가 몰고 온 폐해 때문만은 아니다. 지난 5년간 미국 투자 은행의 대고객 담당 부서, 즉 투자전문가나 트레이더가 20퍼센트가량 감소했다. 급여 구조가 바뀌고 규제가 강화되면서 보상도 크게 떨어졌다.[3] 법조계와 의료계도 상황은 마찬가지다. 2010년 로스쿨 졸업생 중 로펌에서 근무하는 법조인의 비율은 40퍼센트에 불과하며, 20퍼센트는 변호사 자격증과 무관한 직장에서 일한다.[4] 그래서인지 최근 설문 조사에 따르면 현역 변호사의 60퍼센트가 젊은이들에게 법조계를 권하지 않는다고 한다.[5] 의료계 역시 마찬가지여서 다시 시작한다 해도 의사를 택하겠다고 응답한 비율은 54퍼센트에 그쳤다.[6]

성공이 당연시되는 업계에서도 이 정도니 다른 업계의 현실은 안 봐도 빤하다. 더 이상 아무것도 확신할 수 없다는 사실은 지금 세대뿐 아니라 구직 시장에 뛰어들 다음 세대에게도 적용된다. 보상을 제대로 받을 수 있는지 확실하지 않다면 몇 년씩 학교에 다니고 엄청난 금액의 학자금 대출을 받을 이유도 없다. 무턱대고 가방끈만 늘리는 것은 현명한 선택이 아니며, 똑똑한 사람은 이미 그 사실을 알고 있다. 그들은 파티션으로 구분된 책상과 20년간 천천히 승진해서 성공의 사다리를 올라가야 하는 사무직 이상의 커리어를 원한다. 그래서 찾아낸 해답이 바로 '사업'이다.

요즘 대학에 가 보면 한때 신처럼 떠받들던 금융계보다 제2의 마크 저커버그를 노리는 학생이 더 많다. 저커버그가 청바지와 티셔츠 차림으로 출근하고 금융계 종사자보다 훨씬 더 부자라는 사실 때문만은 아니다(물론 그런 점도 인기 요인이긴 하다). 갓 창업한 벤처 기업은 학교를 졸업한 지 몇 년 안 되는 사회 초년생이 자신의 가치관에 맞는 직장에서 자율성과 경제적 보상을 손에 넣으며 커리어를 쌓는 기회를 준다. 언젠가 직접 창업하는 데 도움이 될 만한 지식을 얻을 수도 있다. 이런 새로운 패러다임에 끌리는 것은 당연한 일이다. 첨단 기술이 발달하면서 역사가 깊고 기반이 탄탄한 업계조차도 하룻밤 사이에 격랑에 휩싸이는 현실에서 사업가처럼 사고하는 것은 필수이기 때문이다.

사업에 대한 결정적 오해

유감이지만 사업가다운 사고방식은 대중의 상상력에 바탕을 둔 할리우드 영화의 사업가와 거리가 멀다. 1980년대 영화 《월 스트리트》의 주인공 고든 게코가 날린 명대사 "탐욕은 곧 선이다"가 월가에 대한 환상을 부풀린 것처럼, 지금은 영화 《소셜 네트워크》, HBO 드라마 《실리콘밸리》가 사업가 직군을 장밋빛으로 칠하고 있다. 이제 '사업가'는 전문직에 종사하는 도시 젊은이를 가리키는 '여피'나 대중 문화를 거스르고 자신만의 문화를 좇는 '힙스터'와 마찬가지로 특별한 부류를 지칭하는 낱말이 되었다.

해가 지날수록 사업가에 대한 과장된 이미지는 더 쏟아지는 것 같다. 창업 관련 잡지를 훑어보거나 관련 블로그를 둘러보면 사업가란 십중팔구 자립심이 강하고 뛰어난 능력과 통찰력을 갖춘 데다 나무랄 데 없이 혁신적인 인물이라고 쓰여 있다. 이들 매체가 던지는 메시지는 뚜렷하다. 사업가야말로 새로운 시대를 여는 선각자이며 두려움을 모르는 선지적 전사로서 엄청난 부를 창출하리라는 것이다. 또 미래를 손에 쥔 자가 바로 사업가라는 것이다.

이런 현상을 개인적으로 '사업가 신기루'라 부르고 싶다. 사업가 신기루에 속한 이들이 지닌 특유의 창의력과 대담한 자세 때문에, 사실 사업에서는 화려한 모습보다 근면성실한 자세가 훨씬 더 중요한데도 잘못된 환상이 덧씌워지고 말았다. 그 결과 세상 사람들은 맨땅에 회사를 세우는 일이 얼마나 험난한지는 제쳐 두고 그저 사업가가 되는 일을 낭만적인 시선으로 바라볼 뿐이다. '사업가' 스토리를 양산하는 입장에서 보자면, 사업을 시작하는 게 얼마나 힘든지 적나라하게 열거하며 사업가 지망생은 죽을힘을 다해 더 열심히 일해야 한다고 말하면 좋은 반응을 얻지 못하리라는 사실을 알기 때문에 포장에 열을 올린다. 하지만 사업은 여러 직종 중에서도 특히 전력투구를 해야 하는 분야다. 더욱이 마조히스트가 아니라면 성공 공식을 찾아낼 때까지 잇따라 실패하는 게 그리 달콤하지는 않을 것이다.

기업에서 환상적인 창업 스토리를 늘어놓는 것도 문제다. 이야기를 듣다 보면 모든 벤처 기업이 차고 혹은 기숙사에서 태어났거나, 심지어 타이 해변에서 석양을 바라보다가 생긴 것만 같다. 물론 어둑어둑한 변두리 사무실에 앉아 창업 아이디어를 떠올렸다고 말하는 것보다 훨씬 그럴싸하기는 하다.[7] 애플의 창업 신화를 보자. 워즈니악과 잡스가 애플을 창업한 캘리포니아의 차고는 이제 성지가 되었다. 창업 지망생과 애플의 광팬이 찾아와 차고 앞에서 사진을 찍는다. 덕분에 애플은 전형적인 '실리콘밸리 차고 신화'의 가장 성공한 사례가 되었다. 하지만 실제로는 어떨까? 2014년 워즈니악은 차고를 둘러싼 이야기를 두고 고백했다. "그 이야기는 부풀린 부분이 없지 않죠. 실제 작업은 휴렛팩커드의 제 사무실에서 했거든요."[8]

사업가는 전 세계에 사업 열풍을 일으키기보다는 일단 실질적인 성과를 내는 데 주력한다. 사업가가 자신의 허풍에 스스로 넘어간다면 투자자는 투자한 돈을 모두 날리기 전에 손을 뗄 것이다. 내가 얼마나 잘났는지 보여 주려고 시간과 에너지를 낭비하며 사업에 집중하지 않는 것은 위험하다. 사업가가 그럴싸한 외모와 달변을 갖추었다 해도 결국 기업의 가치를 드러내는 것은 결과물이다. 겉으로는 사업가인 양하면서 제대로 일하지 않는다면 사업가가 아니라 사기꾼 취급을 받을 것이다.

지나친 선망의 시선으로 사업을 보는 것은 위험하다. 현실을 너무 화려하게 포장하면 정말 중요한 요소를 지나쳐 버린다. 전업으로 사업에 매달리는 것은 아무나 할 수 있는 일이 아니다. 그렇다고 지금 사업을 하고 싶지도 않고, 앞으로도 할 생각이 없다고 해서 부끄러워할 필요 역시 전혀 없다. 좀 더 탄탄한 길을 선택하는 것이 가장 바람직한 결정일 수도 있다. 안정된 직장을 뒤로하고 자기 자신도 확신할 수 없는 위험한 길에 접어드는 것은 생각 없이 저질러도 괜찮은 일이 아니다. 두 눈을 크게 뜨고 조심스럽게 발을 들여놓아야 한다.

사업에 실패하는 진짜 이유

우리 형 마이크는 뉴욕에서 활동하는 재즈 뮤지션이다. 형은 지난 몇 년간 테크닉을 익히고 음악계에서 이름을 쌓는 데 무수한 시간을 투자했다. 색소폰을 들고 뉴욕 구석구석, 세계 곳곳을 돌아다니며 음악계에서 입지를 다지고 이름을 알리기 시작한 것이다. 뮤지션이 되기로 결심한 이유를 묻자 단순한 대답이 돌아왔다. 음악이 자신을 선택했다는 것이다. 음악이야말로 형이 평생 동안 하고 싶은 유일한 일이었다. 뮤지션 생활 초기에는 열정을 좇는 데 필요한 희생을 기꺼이 치르기도 했다. 사실 생활을 꾸리기도 힘들었다. 그 후 점차 성공하면서 10여 년 전에 상상한 것보다 훨씬 나은 삶을 살 수 있다는 사실을 깨달았다. 언젠가는 부자가 되는지도 모른다. 하지만 형이 명성과 돈을 좇았다면 애초에 다른 길을 선택했을 것이다. 언젠가 형은 오늘날 예술가로 산다는 것은 성직자로 사는 것과 같다고 말했다. 돈이 아니라 열망 때문에 하는 것이고, 이미 열정이 채워진 만큼 풍요로운 삶을 누리는 거나 다름없다는 얘기였다.

내가 사업을 보는 시각은 형이 음악 커리어를 보는 시각과 같다. 부유하거나 유명해지기 위해서 사업하는 것은 아니다. 사업이 나를 선택했기 때문에 사업가가 되는 것이다. 그때가 언제든 왠지 사업을 시작하지 않으면 안 될 것처럼 여겨지는 순간이 찾아온다. 다섯 살 무렵 집앞에 테이블을 내놓고 레모네이드를 팔았던 사람도 있을 것이다. 혹은 사업가가 될 생각이 전혀 없다가 삶의 어느 단계에 이르러 다른 삶을 살아야겠다고 결심한 사람도 있으리라. 시작한 계기가 어떻든 일단 뛰어들기로 마음먹었다면 돈과 유명세에 혹해서 사업하는 것은 금물이라는 사실을 받아들여야 한다(물론 성공한다면 돈도 유명세도 모두 누릴 것이다).

사업가를 둘러싼 신기루는 화려하다. 그러나 앞길에 무엇이 있는지 오랜 시간 숙고해 보지 않고 그냥 저지르기에는 너무 힘든 일이다. 그처럼 어려운 길을 걸어 볼까 생각 중이라면, 사업을 전업 삼아 전력투구하지 말아야 하는 이유 다섯 가지를 숙고해 봐야 한다.

1. 일상생활이 엉망이 된다

2014년 9월 사업가 알리 메세가 《미디엄》Medium에 글을 올렸다. '창업의 꿈을 안고 대기업을 그만둔 일이 내 삶을 어떻게 말아먹었는가'라는 제목의 글이었다. 베인 앤 컴퍼니에서 컨설턴트로 근무했던 메세는 안정된 경영 컨설팅 업계를 떠나 직접 회사를 차린 뒤 자신과 가족들이 겪은 스트레스를 낱낱이 나열했다. 사무실에 앉아서 사업을 꿈꾸는 따분해진 컨설턴트, 새로운 자극을 찾는 대기업 직원, 욕구 불만에 빠진 은행가가 읽기를 바라며 사업을 하는 일의 어두운 이면을 하나하나 폭로한 것이다. 사업에 따르는 리스크와 기회비용은 예비 사업가라면 누구나 한번쯤 우려하는 요소다. 실제로 메세의 블로그는 엄청난 반응을 얻으며 수백만 뷰를 기록했다.

회사를 세우고 이끌어 나가려면 시간과 집중력을 투자해야 하므로 나와 주변 사람들 모두 희생을 치러야 한다. 끊임없이 내 역량에 회의를 제기하는 한편 경제 목표, 라이프스타일, 성공 기준에 관해 재고해 보기도 해야 한다. 또 긴 노동 시간과 스트레스 때문에 사업가의 이혼율은 그 어느 직업군보다 높다고 한다.

게다가 사업이 성공해도 삶이 풍족해지지 않을 수 있다. 기업 변호사 일을 그만두고 빵집을 차린 뒤 할머니에게 전수받은 비법으로 쿠키를 구워서 마침내 수익을 올리기 시작했다 치자. 벌어들이는 금액에 비해 턱없이 오랜 시간 일할 수도 있다. 생활 패턴과 행동 양식에 좀 더 자유로울 수는 있겠지만 장시간 일하고 까다로운 고객을 상대하며 (최소한 창업 초기에는) 예전보다 적은 수입으로 생계를 유지하느라 스트레스를 피하기 힘들 것이다. 커리어와 마찬가지로 일상생활 또한 균형을 잡기가 쉽지 않으며, 예상 외로 '꿈꿔 온 일'이 전에 하던 일보다 삶의 균형을 해칠 수도 있다. 모든 노력을 기울이고 희생을 치러 가며 빵집을 연 뒤에야 법률 회사에 남는 편이 나았다는 사실을 깨닫는다면……. 친구들에게 선물할 쿠키 몇 판 굽는 건 즐겁지만, 하루에 열두 시간씩 쿠키를 굽는 건 견딜 수 없다는 사실을 깨닫기 위해 모든 것을 올인한 셈이 된다.

2. 경제적 파탄에 빠지기 쉽다

1만여 명의 사업가를 대상으로 진행한 최근 연구에 따르면 응답자의 73퍼센트가 연간 순수입이 채 5만 달러가 안 된다고 대답했다.[9] 양쪽 어깨에 짊어진 책임의 무게를 고려하면 놀라우리만큼 적은 액수다. 사업가는 함께 일해 나갈 팀원을 고용하고, 성장 전략을 짜고, 실행에 옮기고, 돈줄을 쥔 투자자로부터 수백만 달러의 자금을 끌어 모아야 한다. 이 모든 압박감과 의무를 견디는 비용이 연간 5만 달러 이하라면 정말 부당하지 않은가?

부당한 것처럼 보일지라도 처음 창업하면 누구나 이러한 상황에 처한다. 투자자는 사업가가 모든 것을 접고 사업에만 집중해서 수익을 내는 동시에 회사가 성장하여 주가가 올라가기를 바란다. 벤처 캐피털의 투자를 받은 기업의 경우, 처음 자금을 모집하여 주주와 창업자를 위해 수익을 내기까지 5~7년이 소요된다.[10] 지난 10여 년 동안 가장 뛰어난 IT계의 거물로 꼽히는 페이스북조차도 기업 공개까지 무려 7년이 걸렸다.[11] 회사가 크게 성공한다 해도 수익을 얻기까지는 상당 기간 기다려야 하는 것이다.

초기 벤처를 세우는 한편 투자를 겸하는 사업가 조너선 올슨은 이같은 상황을 명료하게 정리했다. "사업가가 되고 싶다면 이런저런 것을 포기해야 한다. 평면 TV부터 시작이다." 텔레비전 볼 시간도 내지 못할뿐더러 부모님이 경제적 어려움에 처해도 돕지 못하며, 모교에 거액의 기부금을 낼 수도 없다. 통 크게 주변 사람을 돕는 습관이 몸에 배어 있다면 푼돈까지 꼼꼼히 챙기는 것도 새로 겪는 변화일 것이다. 우리는 통장을 다 털어먹고 카드를 돌려막는 처지까지 전락했다가 떨치고 일어나 크게 성공한 사업가 이야기를 즐겨 한다. 그러나 끝내 카드 체납금을 내지 못한 사업가의 이야기는 아무도 하지 않는다.

3. 보장된 지위가 없으며 주변 사람들에게 홀대받는다

직업은 사회 안에서 자신의 위치를 나타낸다. 괜찮은 커리어가 있으면 동료, 가족, 친구들이 존중하고 인정한다. 금융계에서 고액의 연봉을 받으며 곧 파트너로 승진할 예정이라면 남들의 선망 어린 시선을 받는 데 익숙할 것이다. 하지만 커리어를 바꾸면 주변 사람과 사회에서 나를 보는 시선이 달라진다. 심지어 나 자신도 나를 다르게 볼 수 있다. 남들에게 인정받지 못하면 마음이 무척 괴로워지기 때문이다.

탄탄한 대기업에서 일했다면 그 조직의 DNA에 배어 있는 안정감과 구조에 익숙할 것이다. 새로운 기회를 좇으려면 일상을 깨고, 예전의 편안한 생활을 뒤로하고 떠나야 한다. 근사한 대기업 본사 건물 대신 구질구질한 사무실에서 창업하려면 온갖 허드렛일에 익숙해져야 한다. 출장 가면 근사한 호텔에 묵고 고급 레스토랑에서 법인 카드로 식사하던 시절과도 작별을 고해야 한다. 명함도 새로 찍어야 한다. 삼척동자도 아는 기업 로고가 찍힌 명함 대신 받는 사람마다 고개를 갸웃거리는 명함을 건네야 하는 것이다.

끝으로 내 자존심도 꾹꾹 눌러 넣어야 한다. 언젠가는 내가 떠나온 대기업의 편안한 사무실에 앉은 상대에게 내가 차린 신생 회사를 홍보해야 하는 순간이 다가올 것이다. 게다가 그중 일부, 아니 대부분은 내 제안을 거절할 공산이 크다.

독립적이고 남의 시선을 의식하지 않으며 무엇을 원하는지 정확히 안다 해도 이 같은 변화가 힘겨울 수 있다. 친구와 동료는 이제 내가 무슨 일을 하는지 모르는 터라 내가 하는 일을 설명하는 것 또한 예전만큼 쉽지 않다. 내가 뭘 하는 사람인지 설명할라치면 회의 섞인 눈으로

바라보거나 하품을 참으려 애쓸 것이다. 심지어 가족도 이런 반응을
보일 수 있다.

4. 좋은 사업 아이디어가 없다

한번은 IT 업계 사람들이 모이는 행사에 참석한 적이 있는데, 잔뜩
흥분한 듯 보이는 청년이 다가왔다. 앱 사업 계획 경진 대회인 '해커톤'
hackathon에서 오는 길이라고 했다. 해커톤은 사업가 지망생들이 팀을
이루어 하루 24시간 내내 사업 아이디어를 내고 실질적인 사업체로
발전시키는 대회다. 피로와 승리감이 역력한 그 친구는 팀원과 함께
개발한 스마트폰 앱에 관해 열심히 설명했다. 대학을 중퇴하고 방금
설명한 아이디어에 전력투구해야 할지 조언해 달라는 거였다. 왠지 관
심 가는 구석이 있어서 자세히 말해 보라고 했다. 햇병아리가 창업에
모든 것을 걸어 볼 생각이라면 아이디어가 좋아야 할 테니까. 그 친구
는 빙그레 웃고서 어깨를 쭉 펴고 말했다. "개를 위한 모바일 데이트
앱이에요." 나는 장장 15분에 걸쳐 강아지가 발정기에 접어들면 앱이
없어도 알아서 적당한 상대를 찾는다고 그를 설득해야 했다.

성실하고 부지런한 것도 중요하지만 전업으로 사업을 하려면 탄탄
한 아이디어와 계획이 있어야 한다. 그래야 애초에 창업할 자신이 생
긴다. 그리고 이후에 팀을 꾸리고, 투자자의 관심을 끌고, 초기 고객을
유치할 수 있다. 초기 사업 계획이 완벽한 경우는 드물기 때문에 아이
디어 자체는 완벽하지 않아도 되지만 전망은 반드시 밝아야 한다.

《Inc.》지의 조사에 따르면 사업가의 71퍼센트가 전에 일할 때 겪은 문제를 해결하려는 과정에서 새로운 아이디어를 얻는다고 한다.[12] 현실에서도 통용될 만한 아이디어인지 알아보는 과정에서 온갖 리스크, 비용, 스트레스, 거절을 불사해도 될 만큼 좋은 아이디어가 떠오를 때까지는 지금 직장에 조용히 남아 있는 편이 바람직하다는 것이다. 제대로 된 사업 아이디어를 떠올렸다면 아이디어를 시험해 보고, 확인하고, 다듬고, 개선하는 데 모든 시간과 에너지를 쏟아야 한다. 그 지점에 닿기까지는 때를 기다리는 수밖에 없다. 창업은 단순히 괜찮은 정도의 사업 아이디어로 진행해서는 안 되는 아주 중요한 결정이기 때문이다.

5. 실패는 쓰다

한 번이라도 창업을 꿈꿔 봤다면, 잊을 만하면 한 번씩 등에 식은땀이 흐를 만큼 경각심을 일깨워 주는 이야기를 들었을 것이다. 이야기의 주인공은 '불운 씨'Mr. Unlucky 다. 일류 경영대학원에 다녔고 동기 중에서 능력자로 손꼽힌 인물이다. 동기들이 월가, 컨설팅 회사, 대기업의 높은 자리로 향하는 사이 그는 첫 회사를 차렸다가 실패했다. 다시 시작한 사업도 꼬리에 꼬리를 물고 실패했다. 15년이 흐른 뒤 불운 씨는 부모님 집에 얹혀살며 동기들 사이에서 꽤나 이야깃거리가 되었다. 경제적으로 파산했고 화려한 학력을 빼면 그가 들인 노력을 증명할 만한 게 아무것도 없었다. 그의 이력서에 있는 기업은 모두 망했거나 잊힌 회사이기 때문이다.

사실 그의 지성, 학력, 인맥을 감안하면 대박을 쳐도 진작에 쳤어야 했다. 하지만 현실은 그의 편이 아니었다. 결국 불운 씨는 요트에서 망망대해를 굽어보며 하루를 시작하는 대신 엄마와 함께 식탁에 앉아 시리얼을 먹는 신세가 되었다.

창업을 꿈꿀 때는 누구나 백만장자 아니 천만장자가 되리라 다짐하는 경우가 많지만 사실은 망할 확률이 훨씬 높다. 하버드 경영대학원의 시카르 고시 교수는 최근 연구에서 2,000여 명의 사업가가 걸어온 삶의 경로를 추적했다.[13] 그 결과 조사 대상자 중 75퍼센트가 투자자에게 약속한 만큼의 수익을 올리지 못했고, 30~40퍼센트는 원금조차 돌려주지 못했다.[14]

이 조사 결과는 창업의 근본 현실을 드러낸다. 많은 사람들이 실패는 좋든 싫든 신생 기업을 만들어 나가는 과정의 일부라고 생각한다. 실패야말로 영예의 상징이자 결과적으로 성공할 기업(이번이 아니라면 다음에 창업할 기업이라도)의 주춧돌이라며 추앙하기도 한다. 이번에 교훈을 얻어 나중에 성공한다면 지금의 실패는 지나간 추억이 된다는 논리다. 전설의 벤처투자자 마크 안드레센은 사업가들의 실패를 찬양하는 현상을 두고 '실패 페티시'failure fetish라는 용어를 만들어 내기도 했다. 실패를 광신하는 이들에 맞서 홀로 목소리를 높이는 안드레센은 공식적으로 한마디 했다. "실패의 맛은 쓸 뿐이다."[15] 나 또한 동의한다.

이처럼 실패할 확률이 높은 게 현실인데 당신 역시 계속 실패를 맛

본다면 어떡할까? 계속 실패하는 동안 그에 얽힌 금전적·감정적 사회적 비용을 감내할 수 있을까? 삶의 어느 지점에 서면 창업의 기회비용은 더욱 올라간다. 특히 결혼하거나 아이를 갖거나 집을 사고 싶어진다거나 할 경우 현실은 더욱 팍팍해진다. 아직도 사업에 성공하지 못했다면, 그 아래 깔린 의미는 하나뿐이다. 실패는 쓰다. 그리고 그에 따르는 비용을 감당하지 못했다.

현재의 직장은 절대 포기하지 마라

전업 사업가가 되지 말아야 하는 다섯 가지 이유를 제시했으니, 이제 투잡으로 하는 사업의 뚜렷한 이점을 살펴볼 차례다. 이상적인 직장이라면 안정성과 미래의 무한한 발전가능성을 최적으로 조합해서 당신에게 제공할 것이다. 하지만 성서에 등장하는 성배가 그렇듯 그런 직장 또한 절대 찾아낼 수 없다. 지난 2,000여 년간 사람들은 성배와 완벽한 직장을 찾아 헤맸지만 둘 다 실패했다. 여기서 딜레마가 생긴다. 미래의 발전가능성을 좇는다면 창업을 하고, 안정감을 원한다면 일반 기업에 근무하라고 하지만 이런 식의 사고는 급속도로 과거의 퇴물이 되어 가고 있다. 보통 진퇴양난의 상황에 처하면 양쪽 모두 뚜렷한 단점이 있다는 사실을 수용하여 한쪽 길을 선택하려고 한다.

사실은 그렇지 않다. 다행히도 기존의 통설은 이미 낡았고 양자택

일을 할 필요도 없어졌다. 한 직장에서 내게 필요한 모든 것을 얻어 내야 한다는 생각을 접고 나면 직장과 사업은 서로 배타 관계가 아니라는 사실을 깨달을 것이다. 오히려 직장과 사업은 보완 관계가 될 수 있다. 안정된 직장과 창업 중 하나를 택하는 대신 직장을 안정감과 월급을 제공하고 투잡으로 벤처 사업을 할 수 있는 바탕이라고 생각하면 어떨까? 커리어를 위로 쌓아 나갈 생각만 하지 말고 옆으로도 확장해 보자. 시간과 에너지의 일부를 투자해서 훨씬 폭넓은 세계를 열 수 있다. 이렇게 하면 사업은 커리어를 쌓는 데 일조할 뿐 아니라 미래를 향한 가능성과 만일을 위한 안전망까지 마련해 줄 수 있다. 게다가 모든 것을 올인하는 데 따르는 리스크를 무릅쓰지 않아도 된다.

투잡으로 사업을 할 경우 단순히 수입이나 커리어를 다각화하는 데 그치지 않고 그 이상을 성취할 수 있다. 삶이 더 풍요롭고 재미있어지는 모험을 떠날 수 있기 때문이다. 칵테일 파티에 참석하거나 옛 친구를 우연히 마주쳤을 때도 회사가 따분하다며 불평을 늘어놓는 대신 새로 창업한 회사나 진행 중인 부동산 계약을 화제에 올린다. 내 시간과 돈을 투자해서 사업의 이모저모를 배우다 보면 남을 위해 일할 때는 절대 깨달을 수 없는 수준의 경험과 신용을 쌓을 것이다. 게다가 사업 기회를 좇을 때마다 다시금 본업에 집중하고 에너지를 돋워 줄 새로운 역량을 닦을 수 있다. 기존 직장이 큰 부침을 겪는다 해도 내가 만들어 낸 성과는 고스란히 내 이력서와 투자 포트폴리오의 일부가 될 것이다.

제2장에서 자세히 다루겠지만 투잡으로 사업을 하면 전업 사업가

는 절대 누릴 수 없는 자유를 얻는다. 새로운 것을 만들어 나가는 짜릿한 흥분감을 맛보면서 리스크를 무릅써야 하는 스트레스는 피할 수 있는 것이다. 또한 나중에 전력투구할 가능성이 있는 사업 아이디어를 미리 시험해 보는 기회가 된다. 달걀을 한 바구니에 담거나 생활 수준이 떨어지는 등의 리스크를 무릅쓰지 않고도 이런 일들을 해낼 수 있다. 기존의 커리어를 보완하고 다각화하는, 지속 가능하면서 실용적인 전략을 쓸 수도 있다. 인생이란 투자 포트폴리오와 마찬가지로 다각화하는 것이 가장 바람직하다.

THE 10% ENTREPRENEUR

제2장

왜 월가 사람들은
사업을 꿈꾸는가

알렉스 토레네그라가 콜롬비아에서 미국으로 건너온 것은 열여덟 살 때였다. 처음에는 영어를 잘 못 해서 맥도날드의 야간 일거리밖에 찾을 수 없었다. 열네 살에 첫 회사를 차린 천재 프로그래머였지만 미국으로 옮겨 가자 바닥부터 다시 시작해야 했다. 7개월 뒤 토레네그라는 테크놀로지 업계에 한발짝 더 다가갈 수 있었다. 화장실을 청소하고 햄버거를 굽는 대신 비디오 게임 매장에서 부매니저로 일하며 플레이스테이션을 판매한 것이다. 영어가 늘자 프로그래밍 쪽으로 이직했고, 얼마 뒤 타니아 저파타를 만났다. 저파타도 콜롬비아 출신의 이민자였다. 그녀는 처음에 마이애미 라디오 방송국의 접수계에서 안내 전화를 받는 짬짬이 라디오 방송에 출연하다 성우로서 경력을 쌓아 나가기 시작했다.

토레네그라에게 저파타는 아내이자 사업 파트너였다. 둘은 매일 직장에 출근하며 회사를 차렸고, 그들의 회사는 세계 최대의 성우 사이트인 버니 주식회사Bunny Inc.,로 발전했다. 저파타는 성우, 고객, 성우 업계의 지형도를 알았고, 토레네그라는 성우 업계 전체를 온라인에 올려놓을 만한 기술 역량이 있었다. 10여 년이 지난 지금, 수천 명의 성우가 버니 주식회사 사이트를 통해 영화, 광고, 비디오 게임, 전자 기기 분야에 목소리를 빌려 주고 있다. 그들은 샌프란시스코 본사에서 50여 명이 넘는 국제 팀을 이끌고 있으며, 그중 40명은 콜롬비아 보고타에서 일한다. 토레네그라는 눈부신 성공을 이룬 덕분에 이민 개혁 캠페인의 일환으로 백악관에 초청받아 오바마 대통령을 만나기도 했다.

이쯤 되면 그들이 창업을 꿈꾸었을 때 성공 확률이 낮았다는 사실을 잊기 쉽다. 사실 두 사람은 갖가지 문화와 언어, 직업상의 장애물을 극복해야 했다. 실리콘밸리에 포진한 동종 업계 사람들과 달리 이들은 인맥, 사업계획서, 신용은 물론 창업 자금을 모을 능력도 없었다. 직장을 그만두고 사업에 뛰어들 만한 돈도 없었다. 결국 두 사람은 유일한 대안을 선택했다. 투잡으로 사업을 시작한 것이다. 덕분에 비용과 리스크를 최소화하면서도 아이디어를 시험해 볼 수 있었다. 마침내 둘은 함께 사업을 쌓아 나가고, 일하는 과정을 즐기고, 예전 직장에서는 절대 누릴 수 없는 것들을 손에 넣고, 큰 영향력을 지닌 기업을 일구는 데 성공했다.

토레네그라와 저파타가 보여 준 것처럼 투잡으로 사업을 하면 수

영장 깊은 쪽에 풍덩 뛰어들 듯이 위험을 무릅쓰지 않고도 갖가지 장점을 누릴 수 있다. 제2장에서는 전업 대신 투잡으로 사업하는 데 따르는 네 가지 장점을 살펴볼 것이다. 첫째, 투잡으로 사업하면 만일의 경우에 대비한 보호망을 마련하는 한편 삶을 다각화할 수 있어서 본업이 예상치 못한 격변에 휘말릴 경우 충격을 완화해 준다. 둘째, 미래를 향한 발전가능성이 생겨난다. 시도하지 않으면 결실도 없는 법이다. 유망한 신생 벤처에 참여하고 업체의 오너가 되면 많은 부가가치를 만들어 낼 수 있다. 셋째, 커리어를 다각화하면 추후의 경제적 수익을 훨씬 넘어서는 부대 효과를 누린다. 삶이 더욱 활기차고 흥미로워지기 때문이다. 끝으로 사업상 다양한 시도를 하면서 중요한 역량을 키워 기존의 직장에서도 활용한다. 10퍼센트 사업가로 일하며 배운 것을 활용해 기존의 직장에서 더 큰 성과를 낼 수 있다.

돈보다 훨씬 중요한 것

아무 대학이나 찾아가서 재정학개론 강의실 뒤쪽에 앉아 개강 수업을 들어 보자. 교수가 학생에게 질문을 던질 것이다. "성공리에 투자하는 비결이 뭘까?" 답은 분명하다. '다각화'다. 투자 전략을 짤 때는 불경기도 호경기도 견뎌 낼 수 있는 포트폴리오를 만들고 키워 나가야 한다. 다각화를 제대로 하면 리스크가 줄어들어 한 종목이 망하더라도 전체 자산은 심각한 타격을 입지 않는다. 아이러니하게도 대부분의 사람들은 커리어를 쌓을 때 이와 반대로 움직인다. (당연한 말이지만) 커리어도 투자라고 생각해 보자. 대다수는 포트폴리오, 나아가 삶 전체가 단 하나의 지위, 즉 본업에만 치우쳐 있다. 감내하기에는 너무나 큰 리스크를 안고 있는 것이다. 사업 계획을 다각화하는 방법을 꼭 찾아내야 하는 이유다. 만일의 사태에 대비한 안전망을 마련하려면 두 번째 대안이 필요하다.

내 친구들은 사회에 진출한 뒤 업계를 막론하고 중대한 커리어의 '변화'를 겪었다(변화는 '위기'와 같은 의미다). 직장을 잃거나, 이직을 꿈꾸거나, 만족하지 못하고 방황했다. 고작 1~2년 사이에 징조도 없이 찾아온 위기에 휩쓸려 나락으로 굴러 떨어지는 모습도 많이 보았다. 자본주의가 약속하는 경제 발전 기회의 이면이다. 모든 걸 제대로 했어도 갑자기 찾아온 위기에 속수무책으로 당할 수 있는 것이다. 금융위기에서 한 번 살아남았다 해도 다음 위기가 어김없이 찾아온다. 구조조정, 합병, 생계에 영향을 미치는 커다란 변혁 등 상상을 뛰어넘는 일은 언제고 일어날 수 있다.

조시 뉴먼은 사회 초년생 시절 아래에 쳐 둔 안전망이 얼마나 중요한지 깨달았다. 뉴먼이 대학을 졸업하고 들어간 첫 직장은 코네티컷에 있는 모뎀 미디어Modem Media였다. 당시 세계 최대의 인터랙티브 광고 회사로 꼽히는 곳이었다. 1990년대 말 인터넷 붐과 함께 황금기가 찾아왔고 웹 디자이너 겸 개발자인 뉴먼을 찾는 이들이 줄을 섰다. 어느 날 그는 모뎀 미디어가 자기 시급의 열 배에 달하는 금액을 고객에게 청구한다는 사실을 알아내고 사업 아이디어를 떠올렸다. 대규모 에이전시에 의뢰할 여력이 안 되는 소형 고객에게 동일한 서비스를 제공하는 부티크형 에이전시를 세우면 어떨까? 뉴먼은 저녁 시간과 주말을 투자해서 미디어태번Mediatavern이라는 작은 회사를 차리고 고객을 유치했다. 회사 일을 더욱 열심히 하는 데다 타깃 고객층이 달라서 모뎀 미디어의 상사도 개의치 않았다.

인터넷 거품이 꺼지고 직장을 잃은 뉴먼은 사무실 짐을 정리한 뒤 미디어태번에서 일군 것을 바탕으로 살아갈 방도를 찾아보겠다 결심했다. 직장 외의 수입원이 있었으므로 다른 직장을 알아보는 동안 월세를 걱정할 필요는 없었다. 또한 자력으로 벌 수 있는 수입이 얼마나 되는지 알았으므로 서둘러 재취업하지 않고 여러 직장의 장단점을 살펴볼 여유도 있었다. 결국 뉴먼은 다른 직장을 구하는 것보다 자신의 에너지를 전부 미디어태번에 쏟아야겠다는 결론에 이르렀다.

뉴먼은 사업에 올인하기로 결심한 뒤 미디어태번을 포춘 500대 기업 고객사를 상대하는 대형 회사로 키워 냈고, 현재 미국에서 가장 빠르게 성장하는 기업을 꼽는 Inc. 5000 목록에도 올려놓았다. 또한 본업이 격변할 때도 흔들리지 않을 수 있었던 비결을 잊지 않았다. 진정한 10퍼센트 사업가답게 미디어태번의 시간과 수익 중 일부를 신규 사업을 개발하고 키워 나가는 데 활용한 것이다. 그는 현재 아내 리사와 손잡고 애초에 창업의 발판이 되었던 소규모 고객의 주문을 채워 주는 새로운 부티크 디지털 에이전시를 만들고 있다.

뉴먼이 몸으로 배운 것처럼 커리어를 관리할 때 한 곳에 안주하는 것은 지극히 위험하므로 대안을 마련해 두어야 한다. 본업은 불경기, 경영진 교체, 전략상 변화, 우선순위의 변동 등 자신이 통제할 수 없는 다양한 사건의 영향을 받는 터라 위기가 닥쳐도 흔들리지 않는 방법을 찾아야 하는 것이다. 만일의 사태를 위한 안전망을 마련해 둔다면 불확실한 상황이 닥쳐도(생각보다 빨리 닥칠 가능성이 높다) 대안이 준비되어 있을 것이다. 물론 아무리 대비해 놓더라도 위기 상황이 즐거울 리 없겠지만 두 번째 대안이 있으면 좀 더 안심할 수 있다.

미래에 베팅하라

사업의 핵심은 오너가 되는 데 있다. 수년간 월급을 받더라도 회사의 오너가 아니라면 엄청난 부를 쌓는 기회는 제한되어 있다. 투자 은행에 취직했을 때 동료가 나를 앉혀 두고 회사의 직원으로서 앞으로 각 투자의 일부를 소유할 수 있다고 말해 주었다. 그는 나를 진지한 눈으로 바라보며 말했다. "패트릭, 이건 계속 수익이 나오는 화수분인 셈이야." 그때는 무슨 뜻인지 잘 몰랐다. 그 전까지는 회사의 지분은 고사하고 옷과 가재도구를 제외하면 어느 것도 진정한 의미에서 소유해 본 적이 없었다. 회사의 지분을 소유하면 좋은 점이 뭐냐고? 동료는 말을 이었다. "이곳을 떠나더라도 향후 5~10년 동안 돈이 계속 나온다는 거야." 그게 바로 소유의 가치다. 뭔가를 소유하면 언제까지나 내 것이며, 예상치 못한 방식으로 이득을 얻을 수 있다.

10퍼센트 사업가가 되면 '화수분'을 모아 경제 활동 포트폴리오를 만들 수 있다. 그런 식으로 시간이 흐를수록 성장하여 투자에 비해 많은 수익을 올려 주는 유망한 벤처나 프로젝트의 지분을 쌓아 나가는 것이다. 단, 이는 어디까지나 장기 전략이지 단기간에 부를 쌓는 방법이 아니라는 점을 잊지 말자. 물론 단기간에 상당한 배당을 받을 수 있는 투자처도 한두 곳 있겠지만 대부분은 그렇지 않다. 목표는 개인적으로 관심이 있으며 장기적으로도 진정한 부가가치를 생산할 만한 일을 하는 것이다. 시간이나 에너지를 쏟아 부어 미래의 발전가능성을 현실화하면 재정 수익을 좀 더 올리는 다양한 길을 닦을 수 있다.

버니 주식회사의 예를 들어 보자. 몇 년 전 알렉스 토레네그라를 만났을 때, 그는 내게 고문 자격으로 회사에 합류해 달라고 청했다. 제3장에서 보겠지만 고문은 기업에 시간이나 노동을 투자하고 그 대가로 지분을 받는다. 계약 관계는 간단했다. 2년간 매달 두 시간씩 최고 경영진과 함께 일하는 대가로 회사 지분의 0.5퍼센트를 받는 것이었다. 버니 주식회사와 나의 관계는 내가 전략, 조언, 시장 진출 등의 측면에서 지속적인 도움을 주리라는 CEO의 믿음에 바탕을 두고 있다. 내 입장에서는 협의한 시간이 내 커리어의 10퍼센트를 넘지 않으니 좋고, 버니 주식회사 측은 내가 커리어의 나머지 90퍼센트에서 쌓은 지식,

인맥, 통찰력의 도움을 얻을 수 있다. 개인적으로나 금전적으로나 보상을 얻을 수 있는 공생 관계인 것이다.

시간을 투자하든 돈을 투자하든 오너가 되면, 지분이 없었다면 얻지 못했을 미래의 가능성에 접근할 수 있다. 이 가치를 돈으로 환산한다면?《이코노미스트》The Economist의 기업 가치 평가를 기준으로 계산하면 현재 내 주식은 25만 달러이며, 가치가 더 높아질 가능성이 매우 크다.[1] 내가 투자한 시간과 에너지를 고려한다면 꽤나 쏠쏠한 보상이다. 시급으로 나눠 보면 투자 대비 수익은 더욱 높아진다.

재미있으면서도 풍요로운 삶

10퍼센트 사업가가 될까 고민하다 보면 이런 질문을 스스로 던지게 된다.

'지금 일도 좋지만 이보다는 더 많은 걸 바랐는데……. 항상 바라던 위치에 도착했건만 이게 다였나 싶은 생각이 드는군.'
'언제나 내 이름을 건 회사를 차리고 싶었지만 지금으로서는 도저히 그만둘 수 없어. 이렇게 좋은 회사를 떠난다는 건 미친 짓일 거야. 그렇다고 해서 내 꿈을 완전히 포기하고 싶지도 않아. 양쪽이 제공하는 최선의 이익을 모두 누릴 방법이 필요해.'

'사업가들과 함께 일하면서 뭔가 새로운 것을 세상에 내놓던 시절이 그립군. 난 안전지대를 벗어났을 때 최고의 활약을 하는 것 같아. 하지만 안전지대를 완전히 벗어나는 모험을 하긴 싫다고.'

'난 발도 넓고 사람들이 이런저런 문제를 해결하도록 도와주지만 아무 대가도 받지 못하고 있어. 넓은 인맥을 이용해서 돈을 버는 방법이 있을 텐데.'

'회사 생활이 지겨워 죽을 것 같지만 도저히 그만둘 수는 없어. 나중에 지금 시절을 돌아보며 후회하고 싶지 않은데 쳇바퀴에서 벗어날 방법이 뭔지 모르겠어.'

이들 사이에는 공통점이 있다. 모두 지금 상태 이상의 무언가를 원한다는 점이다. 낯선 사람들을 만나고, 새로운 아이디어를 시도하고, 자신이 지닌 인맥과 지식을 바탕으로 수익을 창출하고, 함께 힘을 합쳐 문제를 해결하고, 나라는 개인보다 더 큰 조직에 들어가고 싶은 것이다. 무엇보다 공적으로도 사적으로도 더 배우고 성장하기를 원한다. 내가 투잡으로 해 온 투자는 전부 단순히 돈으로만 셈할 수 없는 수익을 냈다. 멋진 사람들을 만났고, 중요한 역량을 키웠으며, 이들 회사가 내가 참여하기 전보다 더 크게 성공하도록 최선을 다해 일했다.

재무 컨설팅 업체는 은퇴 이후를 신중하게 준비해야 한다는 광고를 제작한다. 잘 뜯어보면 이들 광고는 직장 생활을 하는 동안 현명하게 돈을 모았고 마침내 일을 그만두었으니 드디어 하고픈 일은 뭐든

할 수 있다는 생각에 행복해하며 미소 짓는 노인의 모습을 보여 준다. 이런 광고를 볼 때마다 시대에 뒤떨어졌다는 생각이 든다. 자신의 꿈을 굳이 은퇴한 뒤로 미뤄 두려는 사람이 얼마나 될까? 자신이 직접 선택한 프로젝트에 당장 참여하지 않고 커리어가 끝날 때까지 기다려야 하는 이유는 또 뭘까? 이런 일을 본업과 동시에 진행하고 은퇴한 뒤에도 계속할 수는 없는 걸까?

댄 거트사코프는 좋아하는 일을 하기 위해 은퇴할 때까지 기다리지 않았다. 로드아일랜드 주에서 태어나 현재 콜롬비아 보고타에 사는 그는 맥도날드의 남미 매장을 운영하는 기업 아르코스 도라도스Arcos Dorados의 최고디지털책임자다. 삶을 향한 그의 열정과 콜롬비아에 구글 지사를 개설한 경험을 고려하면, 그가 10퍼센트 사업가라는 사실이 놀라울 것도 없다. 그는 남미의 테크놀로지, 출판, 전자 상거래 업계의 다양한 기업에 투자하거나 자문했다. 나와 함께 버니 주식회사의 고문으로 일하던 시절에도 그는 누구보다 일에 몰입했고 열정적이었다.

거트사코프는 맥도날드의 본업 외에 투잡을 하며 남는 시간을 가족들과 함께 보내기 위해 바쁜 와중에도 요리사로서 열심히 실력을 닦았다. 휴가를 이용해 며칠 동안 요리 특강을 받기도 했다. 그는 요리 학교에 다니면서 자신이 전업 요리사와 맞지 않는다는 사실을 깨달았다. 자유 시간이나 휴가 때 요리하는 건 즐겁지만 매일 주방에서 일하고 싶은 마음은 없었던 것이다. 그래서 여생과 요리 열정을 조합하는 방법을 찾아냈다. 요리를 투잡으로 돌려 뛰어난 셰프가 운영하는 라 사쿠테리아_{La Xarcuteria}에 투자한 것이다. 덕분에 경제적으로 수익을 올릴 가능성이 열렸을 뿐 아니라 삶도 풍요로워졌다.

부모라면 누구나 아이가 다양한 분야의 일들을 해 보길 바랄 것이다. 그런데 정작 자신은 그렇게 살지 않는다. 주말에 시간을 내 가구를 만들거나 사진을 찍거나 인테리어 디자인을 하는 건 어떨까? 물론 돈이 문제 되지 않는다면 전업 가구 디자이너나 사진작가, 인테리어 디자이너로 일할 수도 있다. 그러나 이런 일을 통해 생계를 유지하기 어렵다면 원하는 일을 하겠다고 너무 많은 것을 희생하는 셈이다. 열정보다 안정을 택하는 것은 자연스러운 일이다. 열정을 선택함으로써 경제적·개인적 희생을 치를 각오가 된 사람은 소수일 테니까. 그렇다고 해서 생계를 위한 본업에만 집중할 필요는 없다. 이런저런 취미에 잠깐씩 손대거나 취미 생활을 아예 은퇴한 뒤로 미뤄 두는 대신 의미 있고 프로답고 수익이 나오는 방식으로 자신의 관심사를 추구할 만한 벤처 사업을 골라 투잡으로 투자해 보는 건 어떨까.

흔들리지 않는 단단한 커리어

겉으로 보면 본업을 유지한 채 벤처 기업에 얽히는 것은 어디까지나 자신을 위해서다. (일부는 본업을 통해 익혔을) 기술, 인맥, 지식을 활용하여 자신을 위해 더 많은 기회를 일궈 내는 것이다. 하지만 갖가지 일을 시도하고, 자신에게 집중하고, 다양한 역량과 인맥을 쌓다 보면 본업에서도 더욱 효율적으로 성과를 낼 수 있다.

대부분의 기업은 직원에게 사업가적 사고방식을 요구한다. 사회가 급속도로 바뀌는 만큼 회사의 성장을 이끌어 낼 새로운 사고와 창의적인 리더십을 갖춘 인재를 원하는 것이다. 이 같은 역량은 시골의 작은 제조 업체에서 일하는 관리자에게도, 골드만 삭스의 파트너에게도 중요한 요소다. 하지만 기업에서 이런 역량을 키워 주기는 힘들다. 진짜 사업가처럼 사고하려면 훈련과 교육을 반복하는 것보다 직접 해 보는 편이 훨씬 효과적이다.

회사가 말로만 떠드는 것이 아니라 진정 혁신을 이루고 싶다면 좀 더 효과적인 방법으로 사업가 정신을 기르는 방법을 찾아야 한다. 고루하고 보수적으로 보이는 기업도 직무기술서에 적힌 것 이상을 해내는 직원을 원한다. 창의적인 사고력을 유지하고 멋진 아이디어를 짜낼 수 있게끔 사내의 10퍼센트 사업가를 키워 내고 싶은 것이다. 포스트잇은 근무 시간의 15퍼센트를 자체 프로젝트를 위해 쓰도록 장려하는 3M 정책의 결과물이다. 좀 더 최근의 사례는 구글을 들 수 있다. 그들의 역량과 시간의 70퍼센트는 핵심 산업에, 20퍼센트는 관련 사업에, 10퍼센트는 전혀 관련 없는 신규 사업에 할애하도록 하는 70-20-10 모델을 도입한 것이다. 직원이 사무실을 벗어나 사업가의 재능을 펼칠 수 있도록 장려하고, 그렇게 얻은 지식을 다시 업무에 활용하는 방법을 찾아냄으로써 효율적 혁신적으로 발전해 나가는 기업들이다.

힐리어 제닝스는 사업을 하는 동시에 변호사로서 훨씬 뛰어난 성과를 올릴 수 있었다. 조지아대학 풋볼 팀의 열혈팬인 그는(주방을 학교의 공식 컬러로 꾸몄을 정도다) 리스트 튠스Wrist Tunes를 만들어 낸 장본인이기도 하다. 리스트 튠스는 곡의 일부를 재생하는 외장 스피커가 달린 선명한 색상의 음악 팔찌다. 조지아의 팬이라면 언제 어디서나 불독스의 응원가 〈영광, 영광〉을 재생해서 다 함께 들을 수 있다. 제닝스가 회사 웹사이트에 띄워 놓은 광고처럼 조지아대학 팀이 출전하는 풋볼경기장에서 마추픽추에 이르기까지 세계 어느 곳에서나 응원가를 들을 수 있는 것이다.

재미있을 것 같지 않은가? 꽤 수익이 나는 알짜 사업이기도 하다. 제닝스는 법대 재학 중에 회사를 차려서 투자자를 모아 자금을 마련하고, 조지아대학 로고와 응원가의 저작권 및 특허 두 건을 신청했으며, 아시아 지역의 제조 업체도 확보했다. 웹사이트와 100여 곳이 넘는 판매처를 통해 조지아대학에서만 5만 달러어치가 넘는 팔찌를 팔았다. 이제 사업 모델이 쓸 만하다는 것을 확인했고, 더 큰 학교의 커뮤니티를 목표로 설정하면 더 많은 수익을 내리라는 예측을 할 수 있다. 제닝스는 기업변호사로서 경력을 쌓는 동시에 사업체를 관리하고, 제품을 새로이 확장하고, 성장할 기회를 탐색해 볼 수 있었다.

사업가가 되면 리스크를 무릅쓰고, 새로운 인맥을 쌓고, 다각화된 전문가로 거듭날 수 있다. 또한 나를 홍보하는 방법을 익히고 내가 어떻게 하면 기업에 이바지할 수 있는지 좀 더 효과적으로 이해하게 된다. 사업 활동이 본업에 해를 끼칠 필요는 없다. 사실 본업과 사업은 공생 관계를 맺을 수 있다. 제닝스는 리스트 튠스 사업이 유망하다고 생각했지만 본업을 유지했다. 로펌에서 일하면서 얻는 도전, 배움의 기회, 신용, 경제적 안정성을 중시했기 때문이다. 동시에 리스트 튠스 사업을 통해 다양한 경험을 쌓으며 상업 감각을 갖춘 변호사로 변신했다. 직접 사업을 경영해 본 덕분에 예전과 달리 고객사의 시선으로 세상을 바라보게 된 것이다.

투잡으로 사업한다고 해서 남들의 눈을 피할 필요는 없다. 당신이 이 책에서 만나 볼 사람들은 자신이 무슨 일을 하는지 숨김없이 드러냈다. 본업을 소홀히 하지 않을뿐더러 투잡 덕분에 업무 능력이 더욱 향상되었기 때문이다. 당신의 회사가 이 책을 나눠 주면서 투잡을 장려한다고 생각해 보자. 사내의 인재를 개발하겠다는 노력이 고스란히 드러나지 않는가? 직원이 커리어를 쌓아 나가도록 장려하는 회사는 '가능한 한 최고의 인재를 유치하고 유지하기 위해 노력한다'는 사실을 분명히 선언하는 셈이다.

원하는 일을 자유롭게

사업 아이디어와 프로젝트는 너 나 할 것 없이 순간의 아이디어에서 비롯된다. 저 회사에 투자해 보면 어떨까? 투잡을 시작해 보면 어떨까? 하는 식으로 머릿속의 불이 켜지고, 영감을 얻고, 자유로이 꿈꾼다. 아직은 허니문 단계다. 즐겁지만 나와 잘 맞는지 생각해 보거나 난관에 부딪히지 않은 상태인 것이다. 사업가라면 누구나 충동적 아이디어를 만난다. 물론 아이디어는 훨씬 더 많은 일의 시작점에 불과하다.

다행히도 이제 벤처 사업을 시작하고 관리하기가 쉬워졌다. 모두 긴밀하게 연결되고 이동성도 뛰어나다. 기술 또한 유비쿼터스하고 저렴하다. 그 결과 인류 역사상 최초로 내가 일하고 싶은 시간과 장소를 골라서 일할 수 있다. 인터넷, 스마트폰, 노트북 등이 있으면 일을 시작할 수 있다. 핸드메이드 용품 쇼핑 사이트인 엣시에 매장을 열든, 리스트 튠스의 전자 상거래 사이트를 단독으로 꾸리든, 버니 주식회사에서 성우로 연기하든 지금 있는 곳에서 전 세계의 고객을 상대로 제품과 서비스를 판매할 수 있다.

모두 유연성 덕분이다. 유연성 덕분에 비용을 줄이고 나와 가장 잘 맞는 방식으로 빠르게 일할 수 있다. 카페를 가득 메운 사람들을 보며 '다들 쉬는데 왜 나만 일하는 걸까?'라며 한탄한 적이 있을 것이다. 이들은 쉬는 게 아닐 공산이 높다. 이들의 정체는 바로 모바일 노동자다. 인터넷만 있으면 런던, 서울, 케이프타운의 카페에 앉아서 아무런 지장 없이 업무를 본다. 일단 일을 시작하면 공유 경제 덕분에 큰 비용을 들이지 않고 빠르게 일할 수 있는 것이다. 사무실을 차리고 싶다고? 위워크WeWork 같은 기업이 전 세계에 사무 공간을 제공한다. 직원이 필요하다고? 노동 시장 또한 점점 더 유연해지며 수요에 맞춰 변해 나가고 있다. 토레네그라와 저파타가 운영하는 버니 주식회사나 업워크$_{Upwork}$[2] 등의 온라인 알선 사이트를 통해 알게 된 세계 곳곳의 프리랜서에게 의뢰해서 웹사이트를 만들고, 로고를 디자인하고, 청사진을 만들고, 라디오 광고를 녹음할 수 있다.

이 같은 트렌드는 든든한 아군이다. 그 어느 때보다 쉽게 투잡으로 사업을 하고, 사업을 삶의 나머지 부분과 잘 맞춰 나갈 수 있다. 제3장에서 보겠지만, 전업 사업가의 종류가 다양하듯 10퍼센트 사업가의 종류 또한 각양각색이다. 10퍼센트 사업가는 배경과 관심사에 따라 다양한 사업에 참여해서 각 기업에 시간이나 자금을 투자하고, 제2장에서 살펴본 이점을 일부 혹은 전부 누린다. 이것이야말로 10퍼센트 사업가가 되어야 하는 이유다. 일단 사업을 시작하면 다양한 목표를 달성하기 위해 여러 기업의 운영에 참여하기도 한다.

THE 10% ENTREPRENEUR

제3장

10퍼센트
사업가로서의 첫걸음

텍사스의 중산층 가정에서 자란 피터 발로는 사업가가 되겠단 생각은 꿈에도 해 보지 않았다. 그는 의학과 법학이라는 학문을 좋아했고 본인은 타인의 존경을 받으며 편안히 살아가는 성향이 맞다고 생각했다. 그런 요소는 발로가 원하는 보상과 맞아떨어졌고, 법학을 선택하여 로펌에서 몇 년간 일하다 새로운 도전거리를 찾아 급속도로 발전하는 소프트웨어 업계로 옮겨 갔다. 하지만 이직한 회사의 최상위층이 부적절한 문제를 일으키는 바람에 다급히 탈출 경로를 찾아야 했다. 회사를 나오자 예전에 다니던 로펌이 얼마나 좋은 곳인지 새삼 느끼고 다시 로펌에 들어가, 전에 하던 항공 부문에서 만족스럽게 일하기 시작했다. 할아버지 대부터 지금까지 가족 모두가 항공기 마니아인 터라 발로와 잘 맞는 자리이기도 했다.

발로는 로펌으로 돌아갔지만 여전히 투잡으로 할 만한 벤처 사업에 관심을 기울였다. 그리고 얼마 뒤 예전 소프트웨어 회사의 동료가 명품 자동차 중개 업소의 오픈을 도와달라고 청했다. 그는 비행기만큼이나 자동차도 좋아했으므로 남는 시간에 이것저것 도와주고 회사 지분을 받았다. 업체의 규모는 점점 성장했고, 발로는 본업을 유지하면서 자신과 로펌의 고용주 모두 만족할 만큼 다양한 중개 일을 따냈다.

그 시점에서 발로는 또 한번 운명에 이끌려 사업가의 길에 뛰어들었다. 고객사인 스카이버스 항공사Skybus Airlines가 미국 최초의 초저가 항공을 론칭한 것이다. 그는 이번에야말로 모든 조각이 제대로 맞춰졌다는 생각에 스카이버스 항공사가 제안한 법무자문위원 자리를 받아들였다. 스카이버스 항공사는 최고의 경영진이 포진했고 이미 1억 5,000만 달러 상당의 수익을 올리고 있었다. 아무리 봐도 실패할 가능성은 없을 성싶었다. 하지만 안타깝게도 타이밍이 최악이었다. 2008년 금융 위기와 연료 가격 급등이라는 두 가지 난제가 모습을 드러내기 직전에 서비스를 시작한 것이다. 몇 달 만에 유지 자체가 불가능해진 스카이버스에서 발로는 경영진과 함께 600명이 넘는 직원을 반나절 만에 해고하는 우울한 업무를 맡아야 했다. 그리고 로펌으로 또다시 돌아갔다. 이번에는 절대 떠나지 않을 생각이었다. 언젠가 다시 사업을 한다면 투잡으로 하겠다고 굳게 다짐했다.

1년 뒤 비행기 옆자리에 앉은 승객이 검토하는 사업계획서에 눈길을 돌리는 순간, 그에게 세 번째 기회가 찾아왔다. 옆자리에 앉은 토드

벨빌은 2년 전부터 혁신적인 렌터카 업체를 창업하기 위해 준비하는 중이었다. 비행기가 착륙할 무렵, 발로는 벨빌의 아이디어에 매료되었고 자신이 도움을 줄 수 있으리라 확신했다. 교통기관에 정통한 변호사인 데다 자동차와 비행기를 사랑하며 자동차와 비행기 관련 벤처 기업을 창업한 경험이 있기 때문이다. 발로는 연락처를 주고받은 뒤 스카이버스의 전 CEO이자 연쇄적으로 사업을 벌이는 빌 디펜더퍼에게 연락했다. 주말 사이에 사업 계획을 논의했고, 세 사람은 파트너가 되기로 합의했다. 발로는 로펌에 계속 머문다는 조건 아래 합류하기로 했다. 이제는 전업이 아니라 10퍼센트 사업가가 될 생각이었다.

그렇게 태어난 실버카Silvercar는 렌터카 서비스 업계를 완전히 바꿔버렸다. 줄을 서거나 서류를 작성하지 않아도 될뿐더러 실버 아우디 A4만 취급한다. 사업계획서에 머물던 아이디어가 에너지 넘치는 기업으로 성장한 것이다. 영업을 시작한 지 3년째, 회사는 미국 10여 개 도시에서 1,000대가 넘는 은색 아우디를 대여하고, 아우디, 페이스북의 공동 창업자인 에드와도 새버린을 포함한 투자자들에게서 5,000만 달러가 넘는 자금을 유치했다. 현재 로펌의 뉴욕 지부에서 파트너로 일하는 피터 발로는 실버카의 공식 업무에는 참여하지 않지만 상당한 지분을 소유하고 있으며 회사가 자금을 조달할 때는 빠짐없이 투자한다.

이번 장에서 보겠지만, 사업을 할 때 굳이 외길만 고집할 필요는 없다. 일단 사업가로서 필요한 갖가지 역량을 익히고 나면 여러 사업에 투자해서 내 목표와 가용 자원에 맞게 포트폴리오를 만들어 나가면 된다. 발로는 전업 사업가라는 롤러코스터에서 내려왔지만 10퍼센트 사업가로 거듭났다. 자신의 장점을 활용할 만한 기회를 포착하고 지식과 인맥을 이용해 아이디어를 현실화해서 로펌의 파트너를 유지하는 동시에 성공적인 기업의 엔젤 투자자, 고문, 파트너가 된 것이다. 발로는 돈 잘 버는 성공한 변호사로서 로펌에 몸담고 안정감을 만끽하는 동시에 무한한 미래를 향한 가능성을 열었다.

10퍼센트만 투자해도 충분하다

이 시점에서 '10퍼센트 사업가와 프리랜서가 다를 게 뭐야?'라고 생각할지도 모르겠다. 프리랜서는 융통성 있게 일한다는 점에서는 비슷하지만, 정확히 말해 10퍼센트 사업가는 아니다. 프리랜서는 시간에 특정 요율을 적용하여 청구하는 노동자로서 노동을 현금으로 보상받는다. 단일 고객과 일하는 프리랜서도 있지만 대부분은 장기적 계약 관계로 묶이지 않을 뿐 일반 직원과 다를 게 없다. 한편 여러 고객사와 프로젝트에 참여해서 전문 자원을 제공하는 컨설팅 펌처럼 활동하는 프리랜서도 있다. 이 경우 프리랜서는 프로젝트나 벤처 기업의 소유권을 행사하는 게 아니라 자신이 제공한 서비스에 상응하는 보상을 돈으로 받는다.

10퍼센트 사업가는 이와 다른 방식으로 접근한다. 이미 일정한 수입이 들어오는 직장이 있는 만큼 10퍼센트를 활용해 다양한 사업에서 장기 가치를 창출한다. 오너처럼 사고하고 시간, 돈 혹은 양쪽을 모두 활용해서 기업을 소유하거나 지분을 손에 넣는다. 간단히 말해서 10퍼센트 사업가는 시급을 받는 것이 아니라 오너가 되기 위해 투자한다.

본업이 프리랜서인데 10퍼센트 사업가로 투잡을 시작할 수 있을까 걱정할 필요는 없다. 프리랜서라면 이미 10퍼센트 사업가에 이르는 여정의 첫걸음을 자연스럽게 뗀 셈이다. 프리랜서로 일하다 보면 고객 명단을 만들고, 인맥을 쌓고, 내 이름을 건 성공 사례를 만들어 나갈 기회가 생긴다. 명함에 적힌 이름이 곧 내 이름이며 모든 성과도 내가 직접 올린 것이다. 이제 해야 하는 일은 적절한 상황이 찾아왔을 때 오너처럼 사고하는 것뿐이다. 다른 사업가와 파트너십을 맺을 수 있는 기회를 스스로 찾아내고, 내 역량을 높이 사는 유망한 벤처 기업에 내 시간과 서비스를 제공하여 땀의 지분으로 보상받으면 되는 것이다.

10퍼센트 사업가가 되는 다섯 가지 방법

10퍼센트 사업가는 다섯 가지 유형으로 나뉜다. 엔젤형, 고문형, 창업자형, 마니아형, 110퍼센트 사업가형이다. 엔젤형이나 고문형은 자금이나 노하우 혹은 양쪽을 모두 활용해서 다른 사람이 기업을 키우는 데 일조한다. 직접 회사를 세우는 대신 남이 창업한 벤처 기업이 성공할 수 있도록 내 시간을 할애해서 기여하는 것이다. 반면 창업자형은 본업을 유지하면서 직접 회사를 세우고 관리한다. 마니아형과 110퍼센트 사업가형은 좀 더 특정한 목표를 좇는 엔젤형, 고문형 혹은 창업자형을 가리킨다. 마니아형은 사업을 통해 자신이 열정을 지닌 분야에서 활동하는 기회를 추구한다. 한편 110퍼센트 사업가형은 이미 전업사업가로 활동하면서 사업을 다각화하기 위해 투잡 사업에 눈을 돌리는 유형을 가리킨다.

엔젤형

벤처 캐피털은 지금도 실리콘밸리에서 입김이 센 편이지만, 벤처 기업에 자금을 대는 유일한 투자자는 아니다. 엔젤 투자자가 있기 때문이다. 요즘은 회사를 창업하는 비용이 줄어드는 추세라 벤처 캐피털리스트 입장에서 소액 투자를 달가워하지 않는 편이다. 덕분에 당신이나 나 같은 개인이 신생 벤처의 창업 자금을 대는 중요한 투자자로 떠올랐다. 엔젤 투자자라 불리는 이들은 구글, 페이팔, 스타벅스, 홈 디포 등의 기업에 처음으로 자금을 대기도 했다. 2013년에는 30만 명의 엔젤 투자자가 241억 달러에 이르는 자금을 7만 3,400개 기업에 투자했다.[1] 지난 10여 년간 60퍼센트가량 늘어난 금액이다.[2]

엔젤 투자자가 되는 것은 가장 자연스럽게 10퍼센트 사업가로 거듭나는 첫 단계다. 나도 마찬가지였다. 10퍼센트 사업에 투자하겠다고 마음먹었을 때만 해도 투잡이 어떻게 발전해 나갈지 전혀 알지 못했다.

다만 한 가지는 확실했다. 뭐든 시작하고 싶다는 것이었다. 친구들, 업무상 만난 사람들에게 내 뜻을 전하자 투자할 만한 곳을 귀띔해 주었다. 기업의 종류도 많고 투자해야 하는 자금도 5,000달러에서 2만 5,000달러, 때로는 그 이상까지 제각각이었다. 어떤 기업이 유망한가, 또 얼마나 많은 금액을 투자할 것인가는 모두 내게 달려 있었다.

파라 칸은 급성장하는 소비자 대상 기업에 자금을 대는 투자 기관에서 근무한다. 회사의 업무만으로도 바쁘지만, 짬을 내어 사규가 허락하는 한도 안에서 회사의 투자 하한선 아래에 있는 작은 회사에 개인자금을 투자한다. 칸은 본업과 개인 투자 사이의 상호 이익 관계를 잘 짚어 냈다. 그는 입사 초기에 시간과 노력을 쏟아 부어 투자를 관리하면서 기업이 실제로 어떻게 돌아가는지 배워 나갔다. 그리고 좋은 아이디어에서 업계의 리더가 되기까지 사업을 키우는 데 필요한 요소가 무엇인지 깨달았다. 회사는 배움의 장이었고 칸은 열심히 공부했다.

칸에게 투잡인 벤처 투자는 단순히 장기적으로 수익을 보장하는 개인 자산의 포트폴리오 이상을 의미했다. 투자 실력을 닦아 회사에 이바지하는 길이기도 했다. 칸은 업계의 트렌드를 훤히 꿰었고 차세대 소비자 대상 기업을 만들어 가는 재능 넘치는 사업가를 만날 수 있었다. 지식과 인맥 덕분에 더 실력 있는 투자자로 거듭났으며, 이는 본업에도 도움이 되었다. 칸은 이제 크고 작은 회사를 운영하는 사업가를 만날 때면 맨땅에 회사를 세우는 데 직접적인 도움을 주었던 투자자의 입장에서 신뢰감 있게 대화를 이어 나간다.

엔젤형 사업가가 되려면 자금을 투자해야 한다. 자, 그렇다면 대체 얼마나 되는 금액을 투자할 것인가? 삶의 많은 의문이 그렇듯 이 또한 상황에 따라 달라진다. 투자 금액에 관한 서면 조건이나 기준은 정해진 것이 없는 터, 모든 것은 당신과 자금줄을 찾는 회사의 손에 달려 있다. 엔젤형은 대개 다른 초기 투자자와 함께 투자하기 마련이므로 필요한 자본금 중 일부만 책임지면 된다. 자본금 100만 달러를 모집할 경우 5,000달러를 댄다면 (금전 이외의 도움을 함께 제시하지 않는 한) 상대는 시큰둥한 반응을 보일 수도 있다. 그러나 소규모 자본금을 모집하는 회사에 돈을 댄다면 같은 5,000달러라도 상당한 의미가 있을 것이다. 엔젤 투자자 집단에 합류해 다른 소액 투자자와 연대하여 목소리를 내는 방법도 있다.

일정 금액, 이를테면 2만 5,000달러 이상을 요구하는 기업도 있다. 이런 기업이 자신에게 맞을 수도 있다. 투자 금액은 얼마나 많은 돈을 10퍼센트 사업에 배정하기로 하느냐에 따라 결정된다. 처음 엔젤형 사업가로 활동하기 시작했을 때 나는 얼마나 투자해야 좋을지 가늠하지 못했다. 가장 많은 돈줄을 쥔 투자자도 아니었지만 그렇다고 남들보다 쩨쩨하거나 빈궁하게 보이고 싶지도 않았다. 그러다가 트위터의 전 CEO 딕 코스톨로의 투자 이야기를 들었다. 트위터가 자금을 모집하기 시작했을 때, 공동 창업자 에반 윌리엄스는 구글에 막 자신의 회사를 넘긴 코스톨로에게 이메일을 보냈다. 2만 5,000달러 혹은 10만 달러를 투자할 생각이 없느냐는 메일이었다. 이후 트위터의 CEO가

된 코스톨로는 몇 분 만에 답장을 보냈다. "2만 5,000달러를 투자하겠습니다." 그의 응답은 내 시각을 완전히 바꿔 놓았다. 구글에 회사를 팔 정도의 거물이 거리낌 없이 소액 투자자 대열에 합류했으니 나도 체면 차릴 것 없다는 생각이 들었던 것이다. 게다가 소액 투자로도 큰 수익을 낼 수 있다. 코스톨로는 2만 5,000달러를 투자해서 수백만 달러를 벌었다. 당신도 5,000달러, 1만 달러를 투자해서 많은 돈을 벌 수 있다.

혼자서 혹은 집단의 일원으로서 벤처 사업에 투자하면 수익도 올리지만 재미있는 경험도 할 수 있다. 급성장하는 벤처 기업이 계속 맞닥뜨리는 문제를 해결하는 데 도움을 주고, 지금까지 닦아 온 지식을 나 자신의 이익을 위해 활용할 수 있는 것이다. 특정 분야에서 일하며 그 바닥을 훤히 꿰고 있다면 엔젤형 투자자가 되어 보자. (향후 같이 일할 수도 있는) 여러 사업가나 투자자와 더불어 인맥을 쌓는 동시에 지금까지 쌓은 지식을 돈으로 바꿀 수 있을 것이다. 무엇보다 투자는 다른 역할로 나아가는 다리 역할도 한다. 일부 엔젤형 사업가는 현금 투자를 하는 동시에 땀의 지분을 얻기도 한다. 더 많은 자금을 투자해서 감수해야 하는 리스크를 늘리지 않고도 전체 수익을 올릴 수 있기 때문이다. 10퍼센트 사업가라면 자금을 투자하는 것 외에도 주주가 되는 방법은 많다는 사실을 잊지 말자.

고문형

투자할 자금은 없지만 경험이 풍부해서 기업에 여러모로 도움을 줄 수 있는 사람도 있을 것이다. 이 경우는 고문형 사업가에 속한다. 고문형은 자금을 직접 투자하지 않는다. 전문 지식이 곧 돈이기 때문이다. 신생 기업은 사업을 운영하는 데 필요한 인력을 모두 고용할 여력이 안 된다. 그래서 소규모 팀을 꾸리고 팀원 모두가 팔방미인이 된 것처럼 여러 가지 업무를 맡는 경우가 많다. 회사의 규모가 커지면서 마케팅, 경영, 재정, 영업 등 다양한 기능이 분화되어 부서가 형성되는 것이다. 그런 시기가 올 때까지 직원은 멀티태스킹을 해야 한다. CEO 이하 모두가 여러 가지 역할과 업무를 맡아서 잘 모르는 분야도 헤쳐 나가야 한다. 고문형 사업가는 스타트업이 인재를 고용할 역량을 키울 때까지 필요한 지식의 빈틈을 메우는 데 도움을 줄 수 있다. 또한 업계의 전문가로서 통찰력 있는 시각을 제시할 수도 있다.

지금까지 쌓아 온 다양한 경험을 볼 때 베스 페레이라는 명실상부 전자 상거래 업계의 '전문가'라 할 수 있다. 페레이라는 벤처 캐피털리스트와 경영 컨설턴트로 일을 시작했고 이후 엣시_{Etsy}의 운영 및 재정 부문 부회장을 거쳐 디자인 전문 전자 상거래 사이트 팹닷컴_{Fab.com}의 최고운영자가 되었다. 팹닷컴에 머무는 동안 매월 25만 개의 소포를 배송할 수 있는 운영 체계를 쌓고 관리했으며, 회사의 창고 직원을 0명에서 250명으로 늘렸다. 놀라운 운영 솜씨 덕분에 그녀를 찾는 기업이 줄을 섰고, 페레이라는 뷰티 큐레이션 서비스 업체인 버치박스_{Birchbox,}

페이스북 게재 사진을 쉽게 이용하는 앱인 픽서블Pixable, 자본금 10억 달러 이상을 유치한 한국의 전자 상거래 사이트인 쿠팡Coupang에서 고문으로 활동했다. 이들 기업은 페레이라에게 자금을 투자해 달라고 부탁하지 않는다. 페레이라는 자신의 위치를 한마디로 설명한다. "자금을 댈 수 있는 사람은 일이 어떻게 돌아가게 만들까 고민하며 2년씩 창고에 앉아 있지 않으니까요."

자, 그렇다면 고문형 사업가는 어떻게 일할까? 고문형 사업가는 매월 일정 시간을 할애하고 주식으로 보상받는다. 자기 역량에 따라 폭넓은 조언이나 전문 지식을 제공한다. 주요 인사를 소개하거나, 재무 계획을 짜거나, 임대 조건을 검토하거나, 로고를 디자인하거나, 마케팅 혹은 자금 모금 홍보물을 제작하는 등 고문형 사업가가 하는 일은 다양하다. 대부분의 고문형은 0.2퍼센트에서 2퍼센트의 지분을 받으며 계약 기간 동안 매월 몇 시간을 할애하여 기업 운영에 참여한다. 물론 단기적으로 일회성 사업에 기여하는 경우도 있다.

해커나 마케팅의 천재만 고문형 사업가로서 지분을 얻는 것은 아니다. 데이비드 최의 경우를 보자. 그는 페이스북 본사 건물에 벽화를 그려 넣는 대가로 지분을 받은 그래피티 작가다. 보상받은 지분은 0.25 퍼센트도 안 되지만, 페이스북 상장 당시 환산한 금액은 수억 달러에 달했다.[3] 전도유망한 회사의 경우 현금으로 받기보다 약간이라도 지분을 받아 두면 인생이 바뀔 수 있다는 것을 알려 주는 사례다.

고문형 사업가가 되면 지분을 얻는 것 외에 다른 이득도 누릴 수 있다. 첫째, 고문 역할을 활용해서 새로운 역량을 쌓고 흥미로운 문제를 해결하며 업계에 관한 노하우를 좀 더 깊이 다질 수 있다. 둘째, 유능한 사업가들을 만나며 인맥을 넓힐 수 있다. 그중에는 훗날 업계의 큰손으로 성장할 사업가도 있다. 셋째, 회사가 자금을 유치할 때 엔젤형 투자자로 참여할 수 있다. 넷째, 고문형으로 일하다 보면 회사가 성장할 경우 자연스럽게 더 큰 역할을 맡거나 심지어 전업 고문으로 이직하는 것도 가능하다. 창업 팀과 손발이 잘 맞는다면 아예 합류하는 것도 고려해 볼 만하다.

베스 페레이라를 보면 고문 역할이 나중에 어떤 방향으로 확장될지 아무도 모르는 일이다. 고문형은 특정 기업에 전력으로 투신하기 전에 분위기를 살펴보는 기회를 누릴 수도 있다.

창업자형

1월 어느 날 무엇을 먹을까 고민하며 해안가 식당에 앉아 있었다. "랍스터 수프가 맛있어요." 루크 홀든이 권했다. 나는 홀든이 권한 메뉴를 주문했다. 미 동부 곳곳에 포진한 매장에서 수백만 달러어치의 랍스터 롤 샌드위치를 파는 사람의 조언이니 듣지 않을 이유가 없었다. 홀든은 루크 랍스터Luke's Lobster의 창업자로 포틀랜드에서는 '미스터 랍스터'로 통하는 인물이다. 포틀랜드는 메인 주의 해안을 따라 자리 잡은 아늑한 도시이자 전 세계 랍스터의 수도 역할을 하는 곳이다. 홀든은 랍스터연구소의 이사직도 맡고 있으며 《Inc.》,《포브스》Forbes,

《자갓》Zagat에서 '유망한 30대 이하 사업가 30인'에 꼽히기도 했다. 경제 분야에서 전업으로 일하며 랍스터 사업 아이디어를 내고, 창업 첫해에는 본업을 하는 짬짬이 회사를 관리했다는 점을 감안하면 상당한 성과를 올린 셈이다.

창업자형 사업가라면 본업을 유지하는 동시에 벤처 사업을 운영하면서 양쪽 세계의 균형을 맞출 수 있어야 한다. 그렇게 하면 안정된 고용 덕분에 누리는 안정감, 특권, 연봉이 위험에 처하는 일 없이 본업 외의 가능성을 열어 나갈 수 있다. 신생 벤처가 유망한지 알아볼 수도 있고, 회사를 이끄는 게 적성에 맞는지 시험해 볼 수도 있다. 회사의 성장에 가속이 붙고 자신이 투자할 수 있는 것보다 더 많은 시간을 필요로 한다면 결단을 내려야 한다. 본업을 떠나 전업 사업가로 전향할 것인가, 아니면 본업에 충실하면서 함께 손잡고 회사를 키워 나갈 파트너를 구할 것인가?

메인 주 출신인 여느 뉴요커가 그렇듯 나 또한 맛있는 랍스터 롤 샌드위치를 찾는 과정에서 루크 랍스터의 이야기를 들었다. 메인에서는 누구나 야외 테이블에 앉아 종이 접시에 놓인 랍스터 롤 샌드위치를 먹으며 자란다. 그런데 뉴욕의 셰프들은 랍스터란 멀끔한 흰색 테이블보를 깔아 놓고 먹어야 하는 고급 음식으로 규정해 버렸다. 그 같은 편견은 가격에 고스란히 반영되었다. 메인 출신인 루크 홀든도 같은 문제에 맞닥뜨렸다. 그는 투자 은행에서 몇 년째 주당 90시간씩 일하던 어느 날, 문제를 직접 해결해 보기로 결심했다. 그리고 단순하면서도 천재적인 계획을 세웠다. 고향에서 익숙하게 먹던 음식을 맨해튼 사람들에게 소개하여 랍스터를 1년에 한 번 먹을까 말까 하는 고급 요리에서 쉽게 즐기는 호사로 바꾸는 것이었다.

홀든은 월가의 험준한 환경에서 벗어나 미국 랍스터계의 황제가 되고 싶어 회사를 세운 게 아니었다. 자신의 아이디어가 마음에 들기는 했지만 본업을 그만둘 생각이 전혀 없었다. 지적 도전을 좋아하고 동료를 존중했으며 회사에서 얻을 수 있는 교육과 경험이 앞으로 뭘 하든 중요한 자산이 되리라 믿었다. 게다가 돈도 필요했다. 홀든이 처음 뉴욕에 왔을 때 두 손에 지닌 것이라고는 카드빚뿐이었다. 몇 년간 일하고 나자 돈을 좀 모을 수 있었지만 아직 일을 그만둘 정도는 아니었다. 이 시점에서 홀든은 갈림길에 서야 했다. 사업 계획을 짤 시간을 내든지, 꿈을 잠시 미뤄 두고 나중에 다시 도전해야 했다. 일정이나 재정 상태를 고려할 때 앞으로도 전업 사업가의 길에 들어설 타이밍은 오지 않을 성싶었다. 고민 끝에 행동 계획이 정해질 때까지 안정된 직업이 있다는 것을 다행스레 여기며 투잡으로 사업을 해 보겠다고 결심했다.

사업계획서를 작성한 홀든은 첫 매장을 여는 와중에 본업을 유지하려면 도와줄 이가 필요하다는 것을 깨닫고 지역 생활 정보 사이트인 크레이그리스트Craigslist에서 사업 파트너 벤 코니프를 찾아냈다. 다음은 이스트빌리지에 루크 랍스터 1호점을 열기 위해 필요한 자금 3만 5,000달러를 그러모았다. 개점한 지 17일 만에 매장을 세우는 데 든 자금을 전액 회수할 수 있었다. 큰 성공에도 불구하고 홀든은 그 뒤로도 1년간 투자 은행에서 근무했다. 그리고 예전 연봉에 비하면 75퍼센트나 낮은 금액인 3만 5,000달러의 연봉을 벌기 위해 루크 랍스터 사장으로 취임했다. 5년 뒤 루크 랍스터는 미국 일곱 개 도시와 도쿄에 매장 스무 개를 열었고, 매장과 메인 주의 수산물 가공 공장을 통틀어 250명이 넘는 직원을 고용하게 되었다.

다양한 포트폴리오를 구성하는 데 집중하는 엔젤형, 고문형과 달리 창업자형은 모든 집중력을 한 회사에 기울여야 하며 전적으로 운영 통제권을 쥔다. 홀든은 동업자인 코니프와 더불어 업체의 운명을 어깨에 짊어지고 있다. 홀든의 10퍼센트 사업은 다각화되지 않았기 때문에 파라 칸 같은 엔젤형 투자자나 베스 페레이라 같은 고문형 투자자보다 더 많은 리스크를 감수해야 한다. 이는 홀든이 훨씬 큰 수익을 올릴 수 있음을 의미하기도 한다. 홀든은 수백만 달러의 영업이익을 올리는 기업의 상당한 지분을 소유했으며, 영향력 있는 브랜드와 여러 지역에서 충성도 높은 고객층을 거느리고 있다. 게다가 루크 랍스터는 거대하고 매력적인 시장의 표면만 살짝 건드렸을 뿐이므로 훨씬 더 크게 성장할 가능성이 있다. 회사가 성장하면서 기업 가치가 얼마나 될 것인가는 아직 가늠할 수 없다. 그러나 홀든이 큰 가능성을 지닌 기업의 지분을 상당량 가지고 있다는 사실만은 분명하다.

창업자형 사업가는 본업과 다른 일 사이의 균형을 잘 유지해야 한다. 자신의 사업을 꾸리기 위해 뛰어다니는 동안 본업에 피해를 입히거나 이해 관계가 상충되지 않도록 해야 하는 것이다. 디지털 시대에 비밀을 유지하기란 쉽지 않다. 홀든은 회사 측에 랍스터 사업을 한다고 밝혔다. 7번가의 매장 간판에 그의 이름이 떡하니 박혀 있으니 다른 도리도 없었다. 게다가 회사 규칙상 상당 규모의 개인 사업에 관한 내용은 보고해야 했다. 간판에 이름이 있든 없든 회사의 규칙은 반드시 지켜야 한다. 옳은 일이기도 하거니와 사업에도 도움이 되기 때문이다. 홀든의 경우 회사 동료들이 그의 꿈을 지원했고 창업 초기에는 최고의 단골 고객이 되어 주었다.

마니아형

마니아형 사업가는 엔젤형, 고문형, 창업자형 사업가의 형태로 자신의 관심사에 시간과 에너지를 투자한다. 본업으로 하는 것은 아니지만 관심의 정도는 일반 아마추어보다 훨씬 높고 단순히 취미 생활로 끝내기에는 만족스럽지 않을 때 마니아형 사업가가 탄생한다. 차고에서 혼자 트럼펫을 불거나 가족과 친구들에게 근사한 저녁을 차려 주는 걸로는 성에 차지 않는 것이다. 마니아형 사업가는 가장 좋아하는 취미를 본업으로 삼을 생각은 없지만, 역량을 최고 수준으로 유지하며 프로와 어깨를 나란히 하고 싶어 한다. 취미이긴 하지만 마니아형은 엔젤형, 고문형, 창업자형이 시간과 자금을 투자하는 것처럼 프로다운 시각을 취한다. 차이점은 사업을 시작하는 동기가 순수한 수익 창출이 아니라 열정이라는 것뿐이다. 마니아형의 경우 투자한 노력이 지속적인 사업으로 이어질 수 있도록 사업가의 사고방식을 유지하는 것이 중요하다.

내 출판 에이전트인 밀드러드 위엔은 이 책의 기획안을 읽자마자 바로 요점을 포착해 냈다. 내가 꽤 놀라자 자신도 출판 에이전시에서 일하는 틈틈이 프로 무용수로 활동한다고 털어놓았다. 위엔은 어려서부터 춤을 춰 왔고 전업 무용수가 될까도 고민했는데, 완고한 부모님이 예술계에 진출하는 것을 반대했기 때문에 대신 경제학을 공부했다. 발레리나의 커리어가 손 닿지 않는 곳으로 멀어지자 발레보다 수명이 긴 댄스스포츠로 눈을 돌렸다. 몇 년 뒤 위엔은 전략 컨설팅 회사에 합류하기 위해 댄스스포츠의 본고장인 런던으로 옮겨 갔다. 그리고 회사에서 그녀처럼 춤을 추던 게리 크로타스를 만났다. 두 사람은 댄스 파트너로 함께 춤추다가 결혼에 골인했고, 퇴근 후 남는 시간은 런던의 댄스스포츠 클럽에서 보냈다.

위엔과 크로타스는 우선순위를 분명히 정해 두었다. 둘 사이의 원만한 관계가 가장 먼저였고 두 번째는 커리어였으며 세 번째가 춤이었다. 휴가, 텔레비전 시청, 취침 등은 전부 다음 순위로 밀려났다. 휴가 기간에는 이탈리아에서 춤 연습을 하며 보냈고, 매달 적어도 한 번은 춤을 추러 이탈리아로 향했다. 일이 바쁠 때면 틈틈이 귀중한 몇 시간을 짜내서 춤을 추었다. 위엔이 컨설팅 때문에 아부다비로 출장 갔을 때는 크로타스도 아부다비에서 진행되는 프로젝트를 맡았다. 그리고 춤추기에 너무 덥지 않은 새벽 5시경 함께 연습했다. 작은 희생을 치르기는 했지만 수년간 원거리를 이동하며 헌신적으로 노력한 결과 두 사람은 세계선수권대회 일곱 개와 유럽선수권대회에 영국 대표로 출전했고, 세계 최고의 여덟 커플에 이름을 올렸다. 또한 차세대 엘리트 무용수를 양성하기 위해 런던에 댄스 학교를 설립했다.

자신이 지닌 역량을 다각도로 탐색하면 커리어도 함께 발전한다. 혁신적인 방향으로 눈을 돌릴 수 있는 인맥, 다양한 역량, 통찰력을 쌓는다. 무용계에서 쌓은 인맥 중에는 위엔이 컨설턴트로 근무하며 갈고 닦은 전략적 사고를 필요로 하는 사람이 많았다. 덕분에 그녀는 에이전트로 변신해서 컨설턴트와 예술가라는 두 가지 역량을 십분 활용했다. 세계선수권대회에 출전하는 무용수와 주요 안무가의 에이전트 활동도 하고 있는 것이다. 그중에는 댄스스포츠 선수 시절에 만난 사람들도 있다. 이들은 예술가가 예술을 바라보는 특유의 시각을 선천적으로 이해하는 위엔을 높이 평가한다. 그녀는 자기 분야에서 독보적인 위치와 경쟁력을 확보한 것이다.

110퍼센트형

사업의 수문은 일단 열면 닫기가 어렵다. 회사를 성공리에 창업하고 관리하는 데 성공하면 새로운 사업을 시작할 때 예전처럼 겁먹지 않는다. 오히려 사방에 도사린 사업 기회가 눈에 들어올 것이다. 사업이란 성공할 확률이 낮다는 사실도 받아들인다. 성공 확률보다는 실패 확률이 높은 만큼 사업은 다각화가 중요하다. 벤처 기업 한 곳에 집중하는 전업 사업가가 되는 것은 미래의 자산을 좌우하는 큰 도박에 올인하는 셈이기 때문이다. 이 경우 투잡으로 엔젤 투자자가 되거나 고문 역할을 맡으면 자신이 운영하는 스타트업 외에 다른 벤처 기업의 지분을 소유하고 포트폴리오를 다각화할 수 있다. 전업 사업가, 즉 100퍼센트 사업가는 이렇게 해서 110퍼센트 사업가로 한발 나아가는 것이다.

디에고 사에즈길은 110퍼센트 사업가의 완벽한 사례다. 그는 2011년 배낭 여행과 호스텔을 특화한 온라인 여행사 위호스텔WeHostels을 창업했다. 2년 뒤 학생을 주 타깃으로 영업하는 여행사와 합병하면서 합병 회사의 부서장을 맡았다. 거기서 이야기가 끝날 것 같지만, 그렇지 않았다. 생전 처음으로 안정된 월급을 받고 규칙적인 생활을 했지만, 사에즈길의 머릿속에는 멋진 아이디어가 하나 더 있었기 때문이다. 그는 세계 최초로 스마트 여행 가방을 꾸리면 어떨까 생각하기 시작했다. 여행객이 스마트폰을 이용해서 자신의 짐을 추적하고, 잠그고, 무게를 재는 인터넷 연동 여행 가방이었다. 사에즈길은 중국에서 제품을 주문 생산하는 과정을 잘 아는 아르헨티나 출신의 사업가 토미 피에루치와 손을 잡았다. 피에루치도 스마트 여행 가방 아이디어를 현실화하고 싶어 했으므로 그가 신생 회사 블루스마트Bluesmart를 이끌기로 합의를 보았다. 이로써 사에즈길은 본업에 충실하면서도 블루스마트와 피에루치에게 자문을 해 주는 110퍼센트 사업가가 되었다.

2014년 블루스마트가 세계 최초의 크라우드 펀딩 사이트인 인디고고Indiegogo에서 크라우드 펀딩을 시작하자 스마트 여행 가방은 여러 매체에 소개되며 선풍적인 반향을 일으켰다.《USA 투데이》USA Today는 '모든 여행 상품을 뛰어넘는 최고의 여행 상품'이라고 평할 정도였다. 크라우드 펀딩이 끝날 무렵 블루스마트는 200만 달러어치가 넘는 여행 가방을 110여 개국의 고객에게 판매했다. 당시 블루스마트는 인디고고 역사상 열일곱 번째로 성공적인 캠페인이었고, 모금한 액수는 상위 0.006퍼센트에 들었다. 이처럼 놀라운 성과를 이룩하고 나자 세계인의 눈이 블루스마트에 쏠렸다. 블루스마트는 드롭박스Dropbox와 에어비앤비Airbnb 등의 기업을 만들어 낸 전설의 스타트업 엑셀러레이터인 와이 콤비네이터Y Combinater에 합류했다. 그뿐 아니라 유망한 벤처 기업을 선정해서 아마존을 통해 제품을 홍보, 판매하는 기회를 주는 아마존 론치패드에서 선보인 최초의 기업이 되었다.

10퍼센트 사업에 투자할 때는 앞으로 어떤 미래가 펼쳐질지 알 수 없다. 사에즈길은 블루스마트의 놀라운 시작을 바탕 삼아 다시 한번 100퍼센트 사업가가 되어 보기로 결심했고, 블루스마트에 합류하여 CEO 겸 공동 창업자로 일하기 시작했다. 그 뒤로 블루스마트는 펀딩에서 1,000만 달러 이상을 모아들였다. 블루스마트도 내 10퍼센트 사업에 든다. 나는 블루스마트에서 엔젤형이자 고문형인 10퍼센트 사업가로 활동하고 있으며, 제품에 만족한 최초의 고객이기도 하다.

지금 당장 시작하라

직장에서 공고한 지위를 쌓았든, 아니면 이제 막 입사한 사회 초년생이든 앞으로 몇 십 년에 걸쳐 커리어가 어떻게 변화할지 생각해 보는 것은 자신에 대한 의무다. 노동 시장과 그 안에서 자신의 역할이 어떻게 바뀔 것인지 지금 당장 알 수는 없다. 미래가 불확실한 가운데 살아남으려면 계속 집중하고, 언제나 새로운 기회를 찾고, 다양한 역량과 인맥을 쌓아 나가야 한다. 이미 지나간 꿈을 좇는 처지로 전락하지 않는 가장 효과적인 방법이다. 또한 자신이 역동적이고 실패에 무너지지 않으며 보람찬 커리어를 쌓기 위해 전력투구한다는 것을 보여 주는 방증이기도 하다.

나와 엇비슷한 사람들이 10퍼센트 사업가가 되고 있지만 아직 사업을 해 보지 않았다면 (투잡일지라도) 사업가가 된다는 게 부담될 수도 있다. 그것은 건물 안에서는 파티가 시작되었는데 나는 왜 초대장을 받지 못했을까 생각하며 추운 바람이 몰아치는 바깥에 서 있는 상황이다. 애초에 사업을 해 볼 생각도, 욕구도 없었다면 더욱 그럴 것이다. 특권, 성공, 보람을 보장하는 정해진 틀에 맞춰 일해 온 사람도 있을 것이다. 정석을 완벽하게 따르느라 세상의 판도가 바뀐 것을 눈치채지 못하거나 정석 밖의 일을 원한다는 사실을 미처 깨닫지 못한 채 많은 시간을 보냈을 수도 있다. 커리어는 인생과 마찬가지로 포물선을 그리며 밀물과 썰물처럼 변화한다. 잠자코 고개 숙인 채 일에 몰두해야 할 때가 있는가 하면, 과거를 돌아보고 계획을 짜고 다음 수를 생각할 여유가 생기는 시기도 있다. 어느 날 주변을 돌아보며 '이게 내가 바라던 일인가?' 하고 생각하기도 한다. 그 순간 아무리 좋은 회사라 해도 한 기업이 내가 원하는 모든 걸 줄 수는 없음을 깨달을 것이다.

다양한 길 가운데 하나를 선택한다 해서 나태해졌다는 뜻은 아니다. 옆에서 지켜보면 유동적이면서도 자신과 맞는 역할, 위치, 라이프 스타일을 지켜 나갈 수 있는 커리어를 일구기 위해 수많은 인재가 업계에 몰려들고 있다. 옛날에 짜 둔 계획을 고수한다면 그들과 함께 파도에 합류해서 무한한 가능성을 지닌 미래를 창출하는 기회를 흘려보내는 셈이다. 이 문제에 맞닥뜨리면 둘 중 하나를 택해야 한다. 자동 조종 모드로 계속 전진할 것인가 아니면 스스로 새로운 문을 열어 나갈 것인가? 커리어의 격랑에 휘둘리는 대신 운전대를 잡아서 자동 조종 모드를 끄고 속도를 낼 때다.

건물 바깥에 줄 서서 누군가 나를 초대해 주기만 기다리는 사람에게 말하고 싶다. 추운 바깥에서 기다릴 필요 없다. 당신은 아직 늦지 않았다. 초대장 또한 당신 손으로 직접 출력할 수 있다. 당신은 능력, 지식, 인맥, 지혜 등 벤처 기업에 제공할 만한 요소를 지니고 있다. 이 모두가 신생 벤처에는 귀중한 자원이다. 결단을 내리고 파티에 합류하면 훨씬 더 많은 기회를 만날 것이다. 다음 제2부에는 당신이 사업가로서 첫발을 내딛는 데 필요한 도구를 모두 담았다.

제2부

두 개의 명함,
두 개의 통장

•

THE 10% ENTREPRENEUR

제4장

도전하지 않으면
미래도 없다

2014년 애틀랜타의 먼데이 나이트 브루잉Monday Night Brewing은 수십만 고객에게 250만 병의 맥주를 판매했다. 먼데이 나이트 브루잉이 이처럼 성공한 데는 아무래도 신의 가호가 함께 한 것 같다. 창업자 셋이 금요일 새벽 6시에 열리는 성경 모임에서 만났기 때문이다. 셋은 월요일 밤에도 모여서 가볍게 놀자고 의견을 모았다. 공동 창업자 조엘 아이버슨은 집 지하실에 수제 맥주 발효 세트가 잠들어 있다는 사실을 기억해 내고 함께 맥주를 만들어 보자고 제안했다. 월요일 밤의 맥주 양조 수업에 쉰 명 넘게 모여 들자, 아이버슨과 친구들은 맥주통 꼭지를 돌리며 생각했다. '대체 우리가 뭘 하려고 이러는 거지?'

수천 킬로미터 떨어진 롱아일랜드의 분주한 자동차 대리점에서는 오이스터 베이 양조Oyster Bay Brewing Company의 창업자가 일하고 있었다. 게이브 하임과 라이언 슐로터는 본업 외에 따로 해 볼 만한 신규 사업 아이디어가 없을까 함께 머리를 굴리곤 했다. 어느 날 밤 둘은 맥주를 마시다 아마존에서 수제 맥주 양조 세트를 주문했다. 첫 시제품은 나쁘지 않았으므로 또 한번, 다시 또 한번 맥주를 양조했다. 양조 기술이 손에 익고 가족과 친구들에게도 좋은 평을 듣자 둘은 근처에 수제 맥줏집이 없다는 사실을 깨닫고 생각하기 시작했다. '대체 우리가 뭘 하려고 이러는 거지?'

사실 수제 맥주 업계는 10퍼센트 사업가가 꽃을 피우기 좋은 분야다. 수제 맥주 양조 세트도 그리 비싸지 않을뿐더러 일정에 맞게 짬을 내서 양조 비법을 익히고, 주변 시장을 조사하고, 공급 업체에 연락하면 되기 때문이다. 시작하는 데 드는 자금도 얼마 되지 않아서 시간과 에너지 외에는 잃을 것도 없다. 덕분에 먼데이 나이트 브루잉의 조엘 아이버슨은 맥주 양조라는 새로운 사업에 뛰어들었다. 아이버슨은 폴라 압둘 등 유명인이 등장하는 정보 광고를 제작한 경험이 있고 헐크 호건의 레스토랑 얼티밋 그릴Ultimate Grill의 마케팅에도 일조했으므로 신제품 론칭 방법을 잘 알았다. 그런 노하우를 자신의 사업에 활용하지 않을 이유는 없었다.

지하실에 양조장을 차린다는 건 사실 대담한 생각이었다. 아이버슨과 동업자들은 2년간 시제품을 만들어 본 끝에 드디어 머릿속을 맴도는 질문, '대체 우리가 뭘 하려고 이러는 거지?'에 답할 때가 왔다고 생각했다. 셋이서 3개년 계획을 짜고 현재 상황을 꼼꼼히 검토했다. 맥주를 소규모로 양조하는 것은 이미 익숙했지만 상업 양조장을 운영한 경험은 없었다. 게다가 시간과 돈을 더 투자하지 않으면 성장 목표를 이룰 수 없었다. 문제점이 명확해진 뒤 셋은 본격적으로 일에 뛰어들었다. 첫째, 양조장에서 유통 업체에 이르기까지 성공하는 데 도움이 될 만한 모든 사람과 인맥을 쌓았다. 둘째, 운전 자본을 모아 제3자에게 생산을 의뢰하여 첫 제품을 론칭했다. 수요가 급격히 늘어났으므로 셋은 자본금을 더 모아서 직접 양조장을 세웠다. 결국 아이버슨과 동업자 둘은 전업으로 사업에 뛰어들었고 일류 양조 전문가도 고용했다. 계획은 어김없이 들어맞았다. 시장에 진출한 지 3년 만에 먼데이 나이트 브루잉은 수백만 달러의 수익을 냈고 60명이 넘는 직원을 고용하기에 이르렀다.

게이브 하임과 라이언 슐로터에게 오이스터 베이 양조는 10퍼센트 투자처로 남아 있다. 둘 모두 잘나가는 자동차 대리점 일과 수입에 만족하기 때문이다. 그들은 양조 회사를 키우는 한편 본업에 집중하기 위해 사람을 고용해서 오이스터 베이 양조의 일상 운영을 맡겼다. 또한 계획을 현명하게 짜고 노력을 쏟아 부어 현금 투자를 최소화하면서도 사업 규모를 키웠다. 그들은 남는 시간을 이용해서 번화가의 멕시코 식당 자리를 최초의 양조장 겸 술집으로 꾸몄다. 소셜미디어 마케팅과 전략 파트너십이라는 효과적인 조합 덕분에 둘은 롱아일랜드 노스쇼어에 열렬한 팬층을 만들어 내고 확실한 브랜드를 구축했다. 두 사람의 노력과 창의력은 멋진 결실을 맺었다. 오이스터 베이 양조의 맥주를 미국 동부에서 가장 손꼽히는 스포츠 프랜차이즈인 뉴욕 아일랜더New York Islanders와 뉴욕 메츠의 경기장에 납품하는 데 성공한 것이다.

사업에서 가장 중요한 것은 계획을 짜고 다음 단계로 나아갈 수 있게끔 크고 작은 선택을 하는 것이다. 사업 아이디어가 취미 삼아 하던 일에서 '사업을 해 본다면?' 하는 일로 바뀌는 순간, 당신은 먼데이 나이트 브루잉과 오이스터 베이 양조의 창업자가 떠올린 질문에 답해야 한다. 대체 우리가 뭘 하려고 이러는 거지? 목표를 이루려면 무엇이 필요할까? 얼마나 많은 시간과 돈을 투자할 수 있을까? 이들 질문에 명확하고 솔직한 답을 구했다면, 10퍼센트 사업가로서 갈 길을 정하고 10퍼센트 사업 계획을 짜야 한다. 완벽한 정보를 모으거나 내일을 예측할 수는 없을지라도 웬만한 준비는 지금 바로 갖춰야 한다. 자신이 쏟아 부을 수 있는 자원의 양이 어느 정도인지 분석하고 행동 계획을 짜 두면 앞으로 나아가면서 마주칠 갈림길에 대비할 수 있다.

사업은 돈으로 하는 게 아니다

모든 사업가가 그렇듯이 당신 또한 상황에 맞춰 '10퍼센트'를 결정해야 한다. 모자란 자원으로 근근이 문제를 해결하고 기회비용의 균형을 맞추며 상황을 수정해 나갈 것이다. 우선 시간을 얼마나 투자할지 고려해야 한다. 둘째, 돈을 얼마나 투자할지 정해야 한다. 목표는 자신이 지닌 자원의 최소 10퍼센트를 사업에 투자하는 것이다. 이는 최소량이며 투자 역량은 시간이 흐를수록 자연스레 늘어나리라는 것을 염두에 두자. 셋째, 지적 자본, 즉 자신의 지식과 경험을 업계의 현실에 어떻게 적용할지 생각해 봐야 한다. 지적 자본을 투자할 경우 자신이 잘하는 일과 즐기는 일을 조합해야 한다. 지적 자본은 시간 자본과 금전 자본을 훨씬 더 생산적으로 관리할 수 있는 요소이기도 하다. 지식과 판단력을 활용하면 관련 정보를 충분히 고려해서 현명한 결정을 내릴 수 있고, 이는 사업의 성공가능성을 높여 줄 것이다.

각 자원은 별개의 존재지만 한데 모아 두면 포트폴리오가 될 수 있다. 각 요소는 계속 변할 테니 포트폴리오 또한 삶의 단계, 재정 자원, 경험에 따라 시간이 지날수록 달라질 것이다. 일반적인 투자 포트폴리오와 마찬가지로 자원 포트폴리오를 관리할 때도 각 자원의 가치를 높

10퍼센트 사업가의 자원

시간 자본

금전 자본

지적 자본

이는 동시에 전체 가치를 최대화하기 위해 잘 계산해서 결정해야 한다. 포트폴리오가 확장될수록 선택지가 늘어나고 자원을 배분할 때도 좀 더 융통성을 발휘할 수 있다. 각 요소를 잘 조합해서 현명하게 투자하면 부분의 합보다 훨씬 큰 수익을 올릴 것이다.

무한한 시간, 끝없는 돈, 모든 분야에 해박한 지식을 갖춘 사람은 없다. 어떤 요소가 모자란다면 다른 측면에 좀 더 기여하는 식으로 부족한 부분을 메우면 된다. 자원을 포트폴리오처럼 생각하여 자본 등 자신에게 모자란 자원을 시간이나 노하우 등 넉넉히 갖고 있는 다른 자원으로 메우는 것이다. 오이스터 베이 양조의 창업자가 본업을 유지해서 회사가 성장하는 데 필요한 자금을 자급자족한 것은 시간 자본과 금전 자본을 최대한 효율적으로 투자하기 위해서였다. 멕시코 식당을 술집으로 개조할 때도 업자를 고용했다면 빠르고 쉬웠겠지만 돈은 훨씬 많이 들었을 것이다. 그래서 대안을 따져 본 뒤 차를 파는 짬짬이 시간을 내서 손수 술집을 개조했다. 금전 자본 대신 시간을 투자한 것이다.

돈을 투자할 수 없다면 대체 어떻게 해야 할지 고민될 것이다. 현금 대신 시간 자본과 지적 자본을 투자해서 빈자리를 메울 수 있을까? 많은 사람이 이 단계에서 자문하는 좋은 질문이다. 투자는 단순한 돈 문제가 아니라는 사실을 잊지 말자. 신생 벤처는 자금과 함께 다양한 능력과 서비스를 제공할 수 있는 사람들의 도움도 필요하다. 금전 자본이 없다면 시간 자본과 지적 자본을 땀의 지분이라는 형식으로 투자할 수 있다.

각자의 역량에 따라 땀의 지분을 배당받는 다양한 방법을 찾을 수 있다. 창업 초기에 주식을 내주는 대신 받고자 하는 서비스는 다양하다. 신생 기업은 법률 자문, 재정 지침, 마케팅, 파트너십, 인맥 등의 분야에서 지속적인 도움을 받아야 한다. 또한 업체의 규모가 커질수록 다양한 배경을 지닌 사람들의 도움이 필요하다. 이들은 돈을 투자하지는 않지만 현금 못지않게 중요한 공헌을 한다.

투자할 돈이 없는 사람만 이 같은 방법을 택하는 것은 아니다. 신생 벤처에 투자할 돈이 넘쳐난다고 무조건 엔젤형 사업가가 되란 법은 없다. 엔젤 투자자가 신생 벤처와 손잡고 일하는 것을 좋아한다고 해서 리스크에 둔감한 것은 아니다. 회사의 리스크가 너무 높거나 수표를 써 주기에는 아직 시기가 이르다고 판단하는 경우도 있다. 투자 자금이 있든 없든 엔젤형보다 고문형을 선택하면 자금이 날아가는 위험을 무릅쓰지 않고도 회사에서 한 자리 차지할 수 있다. 엔젤형 투자자로서 자금을 투자한 뒤에 지분을 늘리는 차원에서 고문 자리를 유지하는 경우도 있다. 자원을 훨씬 유용하게 활용할 수 있기 때문이다.

현재의 조건으로 사업 시작하기

이 단계에서 자신에게 부족한 자원에만 정신을 빼앗기는 사람이 있을지도 모르겠다. 지금도 너무 바쁘다고 혹은 투자할 돈이 없다고 생각하는 것이다. 그렇다고 해서 용기를 꺾을 필요는 없다. 제5장에서 자신이 가진 자원을 잘 검토해 보고 자산을 최대한 활용하는 방법을 배울 것이다. 각자 상황에 맞는 현실적인 전략도 세울 것이다. 하지만 세부 사항을 살펴보기 전에 가용 자원에 따라 선택지가 어떻게 달라지는지 개략적으로 알아보자. 10퍼센트 사업가의 유형에 따라 시간 자본, 금전 자본, 지적 자본을 조합해서 활용하는 방식도 달라진다.

엔젤형이 되려면

시간이 문제라고? 바쁘거나 본업의 스케줄이 들쑥날쑥할 경우 엔젤형 사업가가 되면 유동적으로 사업에 참여할 수 있다. 사업가는 대개 '똑똑한 자금'을 선호한다. 단순히 현금을 투자하는 것 이상의 도움을 받고 싶어 한다는 의미다. 얼마나 참여할 것인가는 전적으로 자신의 재량에 달려 있다. 프로젝트가 얼마나 흥미로운가에 따라 회사, 경영진, 다른 투자자와 관계를 잘 다져서 더 많은 것을 배우고 미래에 도움이 될 탄탄한 인맥을 쌓을 수도 있다. 아니면 고문형이 되어 좀 더 공식적인 역할을 맡는 한편 지분을 늘리는 방법도 있다. 자금을 투자한 뒤 무엇을 할 것인가는 오로지 자신에게 달린 터, 없는 시간을 무리하게 쪼개서 의무적으로 기업 활동에 참여할 필요는 없다.

엔젤형이 되고 싶지만 어디서 시작해야 좋을지 알 수 없다 해도 걱정하지 말자. 자신이 모르는 부분을 알고 있는 사람을 찾아보면 된다. 앞으로 사례를 들어 설명하겠지만 마이애미, 부쿠레슈티, 베이징 등 세계 어디에서나 함께 투자하며 일할 만한 사람을 찾을 수 있다. 엔젤 투자자 집단에 합류하면 유망한 신생 벤처를 찾아내고 투자하는 데 필요한 자원과 인맥을 얻을 수 있다.

자신과 비슷한 생각을 하는 한편 다른 대안을 보여 줄 만한 사람들의 모임에도 들어갈 수 있다. 엔젤투자자협회에 따르면 이 같은 집단이 미국에만 300여 개에 달하며[1] 비슷한 집단이 유럽, 아시아, 남미 곳곳에도 포진하고 있다. 사업가가 있는 곳이면 어디든 엔젤 투자자가 있다. 사실 벤처 캐피털이 자리 잡은 지역에서 멀어질수록 당신의 자금과 지식은 더 중요한 대접을 받을 것이다.

고문형이 되려면

돈보다는 지적 자본과 시간이 더 많다면 고문형이 바람직하다. 금전 자본이 아니라 지적 자본을 투자하고 있으므로 상호 협약에 따라 지분을 제공하는 회사에 시간을 할애하면 된다. 상대가 기대하는 시간 투자는 상당히 다양하다. 일부 기업은 한 달에 한두 시간 정도 지속적으로 자문해 주기를 원한다. 전화로 혹은 직접 만나서 전략 아이디어나 인맥에 관한 조언을 받고 브레인스토밍을 하는 것이다. 나와 버니 주식회사도 이 같은 계약을 맺고 있다. 매달 최소 두 시간 이상 CEO, 재무부장과 함께 의논하여 남은 한 달간 내가 어떻게 회사를 도울 수 있을지 정한다. 또한 회의가 끝날 때마다 할 일을 작성하고 회의 사이에 이메일을 교환하며 연락을 유지한다(이 경우 회의처럼 집중해서 시간을 할애하지는 않는다). 투자하는 시간을 직접 관리할 수 있으므로 베스 페레이라처럼 노련한 고문형 사업가가 지분 포지션의 포트폴리오를 꾸리는 동시에 여러 기업과 일하는 것도 드문 일은 아니다.

대부분의 고문형은 아직 아이디어 단계에 있는 기업에 참여한다. 초기에 참여해서 신용을 쌓아 주고 도움을 주면 회사가 돈을 벌기 시작할 때 유명 인사가 함께 한다고 홍보할 수 있기 때문이다. 이 경우 회사가 수익을 내기 시작하면 금전 투자에 참여할 수 있는 권리를 함께 요구할 수도 있다. 고문 활동을 통해 이후 엔젤형 투자자로 전환하는 길을 닦아 놓는 셈이다. 무엇보다 회사의 속사정을 알고 있으므로 회사가 성공할지 여부를 가늠하는 좋은 위치를 점하게 된다. 이미 알고 있는 정보를 바탕으로 추가 수익을 올릴 수 있는 것이다.

창업자형이 되려면

창업자형은 모든 자원을 쏟아 부을 마음의 준비를 해야 한다. 회사를 세우려면 시장을 조사하고, 주요 인맥을 쌓고, 제품을 개발하고, 사업을 시작할 시간을 내야 한다. 지금까지 살면서 습득해 온 지적 자본을 바탕으로 모든 문제를 해결해야 한다. 그뿐만이 아니다. 요즘은 창업하는 데 꼭 필요한 도구를 저렴하게 마련할 수 있지만, 일단 창업을 하면 유지비가 발생하므로 기본 비용을 감당할 금전 자본도 어느 정도 투자해야 한다.

창업자형이라면 창업 초기에 혼자서 회사를 운영할 수도 있다. 필요한 시간이나 자금에 큰 문제가 없다면 이런 접근 방식도 나쁘지 않다. 그러나 어느 시점이 오면 일정과 지갑 사정이 빡빡해질 것이다. 어떤 사업을 하느냐에 따라 다르지만 시제품을 만들거나, 재고를 마련하거나, 장소를 임대하거나, 직원을 고용해야 할 수도 있다. 그러고 나서 사업 계획을 계속 실행하는 데 필요한 추가 자원을 모으는 가장 효과적인 방법을 찾으면 된다. 루크 홀든은 자원 문제에 맞닥뜨렸을 때 지적 자본이 있고 사업을 함께 운영할 수 있는 동업자를 찾아냈다. 루크 랍스터 1호점 개점 비용이 필요해지자 아버지에게 공동 투자를 제안하기도 했다. 반면 힐리어 제닝스는 투자자를 상대로 자본금 일부를 모집했고, 형제의 도움을 조금 받기는 했지만 거의 혼자 힘으로 리스트 튠스를 운영했다. 제품의 디자인과 생산을 중국 업체에 의뢰해서 자신에게 부족한 지적 자본도 보완했다.

마니아형 혹은 110퍼센트형이 되려면

마니아형 혹은 110퍼센트형은 얼마나 깊이 참여하는 게 적절한지 신중하게 검토한 다음 엔젤형, 고문형, 창업자형 가운데 하나를 선택하면 된다. 자신이 지닌 자원에 맞게 투자 방식을 짜서 여러 가지 역할을 조합할 수도 있다. 가령 디에고 사에즈길은 블루스마트의 고문인 동시에 창업자다. 반면 댄 거트사코프는 식당의 엔젤형 투자자인 동시에 고문이기도 하다. 둘 모두 자신의 자산 사정과 목표를 고려하여 전략을 택한 것이다.

10퍼센트 사업가 프로젝트

2년 전 겨울, 키르기스스탄 톈산 산맥의 외딴 곳으로 하이킹을 떠난 적이 있다. 한겨울에 고도가 높은 곳으로 가는 만큼 당연히 추울 거라 예상했지만 톈산의 기온은 상상을 뛰어넘었다. 스마트폰의 날씨 앱을 켜 보면 바깥 기온이 영하 17도, 위험할 정도로 낮은 온도였다. 일단 산에 발을 딛고 나면 유일한 선택지는 계속 걸어가는 것뿐이었다. 한 발을 다른 발 앞으로 끌고 나갔다. 정상이 보일 때까지 아무도 가지 않은, 발이 푹푹 빠지는 흰 눈밭을 걸었다. 한 발짝을 뗄 때마다 몸이 더워 왔다. 시간이 흐를수록 더워지고 옷을 한 겹씩 벗어 가방에 쑤셔 넣었다. 이렇게 피가 돌기 시작하면 온기를 유지하는 유일한 방법은 계속 걷는 것뿐이다. 자칫 멈춰 섰다간 온몸이 추위에 휩쓸리기 때문이다.

한동안 산길을 걸으며 능선을 몇 번 타 넘고 나니 문명의 흔적이 점점 엷어졌다. 무사히 돌아가려면 세 가지 기본 요소에 의지해야 한다는 사실을 깨달았다. 첫째, 내가 세운 계획이다. 기본 장비를 챙겨야 하며 해가 지기 전에 정상에 올랐다가 돌아올 수 있는 루트를 계획해 두어야 한다. 둘째는 의지다. 아무리 좋은 장비라도 저절로 움직여서 나를 산 정상에 데려다 주지는 않는다. 내가 이 일을 하는 목적이 무엇인지 알고 있어야 한다. 그렇지 않으면 추위, 고도, 긴 하이킹 시간 탓에 애초에 왜 이 고생을 사서 하는지 회의가 피어오를 것이다. 셋째, 같이 하이킹을 떠난 사람들이다. 이들도 나만큼 전심전력으로 하이킹에 임

한다면 더 바랄 나위가 없을 것이다. 아무튼 모두 같은 길을 함께 걸어가기 때문에 속도를 늦추거나 포기하고픈 유혹이 누그러진다. 또한 선의의 경쟁심을 북돋아서 약간이나마 빨리 걷게끔 동기 부여가 되기도 한다. 동시에 경쟁심을 누르고 같은 그룹의 일원으로서 움직인다. 모두 같은 지점을 향해 가는 데다 산 정상에 다다르면 그 기쁨을 함께 나눌 사람이 있기를 바라기 때문이다.

10퍼센트 사업가의 여정은 하이킹과 닮은 구석이 많다. 뭔가 새로운 일을 하고 익숙하지 않은 방향으로 향할 경우 일단 출발하고 나면 앞일이 어떻게 펼쳐질지 알 수 없다. 예상하지 못한 문제와 맞닥뜨려야 하고, 안전지대에서 벗어나 때로는 불편하거나 불확실한 환경 속으로 나아가야 한다. 이런 시점이야말로 계획이 필요불가결해지는 순간이다. 추위, 피로와 싸우는 등반가처럼 당신 또한 지형을 미리 조사하고 계획에서 벗어나지 말아야 한다. 계획은 앞으로 나아갈 방향을 가리키는 길잡이가 되어 줄 것이다.

물론 치밀한 준비 없이 일을 시작할 수도 있다. 지도는 집에 놔둔 채 하이킹 부츠를 신고 그냥 야생 속으로 걸어 들어갈 수도 있는 것이다. 무작정 발끝을 담가 보거나 리스크를 조금 감수하면서 운 좋게 일을 유지해 나가는 사람들이 택하는 방식이다. 하지만 내가 추천하는 방식은 아니다.

이들은 어떤 종류의 투자가 자신과 잘 맞는지 고민하거나 자신이 지닌 자원을 진솔하게 검토하지 않았기 때문에 주변 상황이나 기회주의에 휩쓸려 섣부른 결정을 내리는 위험을 감수해야 한다. 게다가 지속 가능한 계획을 짜고 실행에 옮길 기회도 놓쳐 버린다.

당신이 세운 계획이 치밀하고 뛰어날수록 현명하고 수익성 높은 투자를 할 확률도 높아진다. 일단 성공하고 나면 당신에게 주어진 선택지는 더 늘어날 것이다. 투자에서 수익을 이끌어 내고, 벌어들인 수익을 재투자하고, 지속 가능한 기업을 키워 낼 자원 기반을 늘려 나갈 수 있기 때문이다.

자신이 기울인 모든 노력의 청사진이라 할 수 있는 10퍼센트 계획은 자산과 다른 두 가지 요소에 바탕을 두고 있다. 첫째, 면밀히 계획해 둔 사업 절차를 따라야 한다. 기준이 되는 절차를 따라가다 보면 초점을 잃지 않고 엄격하게 결정을 내릴 수 있고 자원을 현명하게 배분하는 한편 사업을 진행하는 도중에도 교훈을 얻으며 문제를 개선해 나갈 수 있다. 둘째, 인맥이다. 모든 것이 잘 맞아 들어가도록 인맥을 제대로

10퍼센트 사업가 프로젝트

 + +

자원
시간 자본, 금전 자본,
지적 자본 최적화하기

사업 절차
프로젝트를 찾고,
분석하고, 투자하기

인맥
팀 구성하기

활용해야 한다. 자신이 알고 있는 모든 인적 자원을 잘 조합하면 투자하는 자원 대비 최대의 효과를 올릴 수 있다.

10퍼센트 사업 계획을 짜는 것이 조금 벅차다면 이렇게 생각해 보자. 당신은 이미 시간 자본, 금전 자본, 지적 자본에 따라 계획을 어떻게 세울지 살펴보았으므로 벌써 남보다 앞서 나가고 있다. 이제 이들 자원을 자세히 살펴보고, 사업 절차를 계획하고, 인맥을 동원할 차례다. 아래 질문에 답하면서 10퍼센트 사업 계획을 함께 짜 보자.

- 내가 만들어 나갈 10퍼센트 사업에 자금과 시간을 얼마나 투자할 수 있고, 또 투자할 생각인가? 시간과 자금은 어떻게 마련할 계획인가?
- 내가 잘하는 일과 지적 자본을 연결시키는 기회를 어떻게 찾아낼 것인가? 지적 자본을 이용해서 나의 장점을 살릴 방법은 무엇인가?
- 중요한 사업 기회를 찾아내고 충분히 조사한 뒤 투자 결정을 내리는 방법은 무엇인가? 어떤 방법을 이용하여 제대로 된 프로젝트를 찾아내고, 냉정하게 분석하고, 현명하게 투자할 것인가?
- 인맥을 어떻게 활용하면 10퍼센트 사업의 각 측면을 좀 더 성공적으로 이끌어 나갈 수 있을까? 인맥을 이용해서 함께 할 팀을 꾸리는 방법은 무엇인가?

이렇게 계획을 세웠다면 주기적으로 재검토하며 수정해 나가야 한다. 계획의 각 단계를 지날 때마다 메모를 남겨 두자. 전자 메모를 하든, 노트에 써 두든 형식은 중요하지 않다. 이렇게 남겨 둔 메모는 나침반과 지도처럼 수익이 나는 길을 알려 주는 지속적인 자료가 될 것이다. 주변 상황이 바뀌더라도 걱정하지 말자. 10퍼센트 사업 계획은 장기 계획이므로 언제든 상황에 맞춰서 바꿔 나가면 된다. 예상하지 못한 보너스를 받았다거나, 다른 도시로 옮겨 간다거나, 새로운 관심사가 생겼다거나, 개인 시간을 좀 더 유동적으로 활용할 수 있으면 초기 계획을 다시 검토하고 그에 맞게 수정하자.

THE 10% ENTREPRENEUR

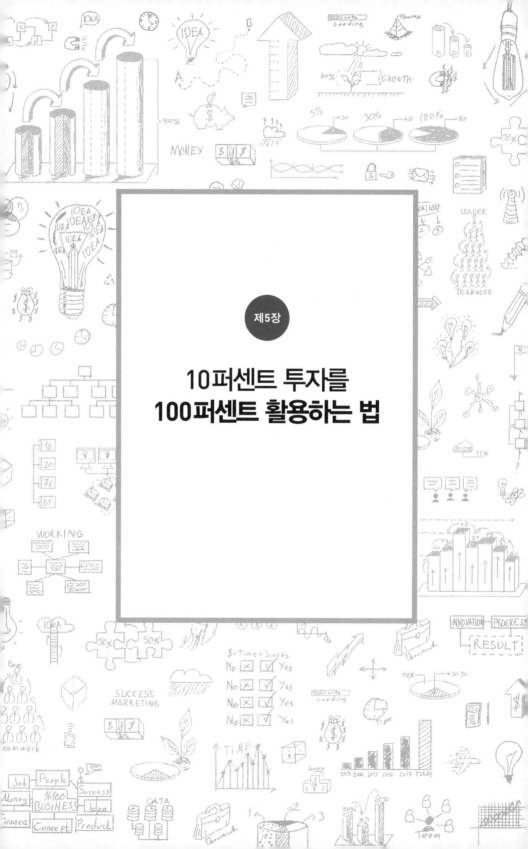

제5장

10퍼센트 투자를
100퍼센트 활용하는 법

10퍼센트 사업가가 되면 삶이 다양한 사업 기회를 좇아 여러 방향으로 뻗어 나간다. 사업이란 갖가지 씨앗을 심는 것과 같다. 아예 싹트지 못하는 씨앗이 있는가 하면 잘 살아남아 무럭무럭 자라는 종자도 있고, 바람에 날려 예상치 못한 장소에 뿌리내리는 씨앗도 있다.

시간이 흐르면 이들 씨앗이 어떻게 성장하는지 알 수 있다. 갖가지 벤처 기업 활동에 참여하고, 함께 일해 본 적이 있으며 다음 사업에서도 신뢰할 만한 파트너가 늘어난다. 자신의 새로운 면을 발견하고 금전적 전문적 자율성도 쌓아 나간다. 다양한 모험을 하다 보면 자신이 완전히 새로운 사람으로 거듭났음을 깨닫기도 한다.

패트릭 리넨뱅크는 10퍼센트 사업을 시작한 덕분에 제임스 본드로 거듭난 인물이다. 아니, 제임스 본드보다 한층 흥미로운 사람이 되었다고 해야겠다. 네덜란드 출신의 리넨뱅크는 대테러 및 수사 전문 기업을 경영하는 한편 여러 인권 기구의 이사로 활동한다. 윤리적 해킹에서 크라브 하가나, 회피 운전, 범죄 프로파일링에 이르는 온갖 특이한 전문 분야의 자격증도 갖추고 있다. 이력만 보면 비밀 스파이 같지만 사실 두 아이에게는 무척 소박하고 친근한 아빠이기도 하다.

그는 의대를 졸업한 뒤에야 평생 외과의로 근무할 경우 한곳에 머물러 살아야 한다는 큰 단점이 있음을 깨달았다. 평생 한 가지 일만 하다가는 완전히 미쳐 버릴 것 같았다. 그 생각이 들자 리넨뱅크는 프랑스로 가서 MBA를 취득했다. 경영 컨설턴트로 변신, 베인 앤 컴퍼니에서 파워포인트 프레젠테이션에 파묻혀 1년의 시간을 보냈다. 돌아와서는 24시간 교대 근무를 하는 응급실로 옮겨 근무했다. 그렇게 10여 년간 그는 투잡으로 환자들의 생명을 살리는 의사로, 다른 한편으로는 병원을 운영하는 이사로 바쁜 나날을 보냈다. 보통 사람이라면 그 정도로 만족했을 것이다. 하지만 리넨뱅크는 거기서 멈추지 않았다. 범죄의학에도 관심을 보인 것이다. 전공인 의학과 관련된 동시에 개인적으로 흥미 있는 인권 보호에 직접 기여할 수 있는 분야였다. 그는 범죄의학을 공부한 뒤 아프리카로 건너가 대량 학살 매장 관련 조사에도 뛰어들었다. 생명의 위협을 느끼는 몇 번의 경험 후에는 보안 경호에 대해서도 배웠다. 결국 그는 사격, 포로 탈출법 외에 지구상 가장 위험한 곳에서 몸을 지키는 데 필요한 온갖 기술을 익히게 되었다.

리넨뱅크는 본업과 투잡을 통해 쌓은 지식을 바탕으로 세라프 보안 그룹Seraph Protection Group을 세웠다. 유럽, 아시아, 남미, 중국에서 고위험 보안, 대테러 컨설팅, 과학수사를 펼치는 이 기업은 해운 회사, NGO, 고액의 자산가에게 서비스를 제공한다. 하지만 리넨뱅크는 여전히 한 가지 일에 만족하지 못하여 고객 컨설팅까지 한다.

리넨뱅크의 이야기를 듣고 놀라지 않을 수 없었다. 그는 제임스 본드일 뿐 아니라 미국 드라마 《24시》의 잭 바우어에 《ER》과 《CSI》를 섞어 놓은 인물이었다. 리넨뱅크의 링크트인 프로필을 보면 왠지 주눅이 든다. 나를 비롯해 주변 사람 모두 게으름뱅이가 된 기분이다. 리넨뱅크는 똑똑하고 열정적이며 실행력까지 갖춘 사람이니 그의 성공은 당연했다. 그러나 찬찬히 들여다보면 성공의 이유는 의외로 단순하다. 그는 시간과 돈을 최대한 활용하는 데 고수이며, 자신이 지닌 자원을 현명하게 투자하기 위해 매일 고심했다는 것이다.

리넨뱅크는 언뜻 보기에 아무런 상관도 없을 성싶은 커리어 세 가지를 한데 모았다. 의학, 과학수사, 보안 산업을 하나의 포트폴리오로 묶은 것이다. 대체 어떻게 이런 일을 해냈느냐고? 대답은 간단하다. 이 책에 등장하는 다른 이들과 마찬가지로 그 역시 펜을 들고 자신이 사업 활동에 투자할 수 있는 시간 자본과 금전 자본이 얼마나 되는지 적어 보았다. 일단 자산을 파악하고 두 가지 주요 전략을 마련했다. 첫째, 자신이 이미 지적 자본을 갖고 있는 분야와 직접 연관된 주제에 초점을 맞추었다. 의학에서 과학수사로 옮겨 간 것은 자연스러운 이동이며 암벽등반가나 프로 피아니스트가 되려고 노력하는 것보다 훨씬 생산적이었다. 지적 자본이 없는 분야에 대해서는 궁극적 목표를 이루는 데 도움이 되는 특정 능력을 손에 넣기 위해 조직적으로 공부했다. 대량 학살하여 매장한 현장을 찾아가 과학수사를 하려면 그에 적합한 훈련을 받아야 한다는 사실을 깨닫고 자신이 감당할 수 있는 최고의 교육을 받는 데 시간과 돈을 전략적으로 활용했다. 미국, 이스라엘, 아프리카의 대테러 전문가와 함께 연구한 것이다.

제5장에서는 당신의 시간과 돈을 어떻게 쓸지 찬찬히 살펴보고, 사용 가능한 시간 자본과 금전 자본 중에서 최소 10퍼센트를 본업 외의 사업에 투자하도록 떼어 둘 것이다. 바닥부터 시작한다면 엄청난 난제처럼 보이겠지만 계획과 우선순위만 정해 두면 각 자원에서 전보다 더 많은 것을 얻어 낼 수 있다. 재미있을뿐더러 커리어와 삶에도 실질적인 도움이 되는 사업을 할 것이다. 그러니 약간 희생이 있겠지만 결과적으로 투자한 양보다 훨씬 많은 결실을 얻으리라는 사실을 잊지 말자.

하루 한 시간이면 충분하다

10퍼센트 사업가는 항상 시간을 화두로 삼는다. 시간 관리 전략을 세우며 항상 시간이 더 있었으면 한다. 미혼, 기혼, 외벌이 부모, 맞벌이 부모인지에 상관 없이 모두 사생활과 일 사이의 균형을 유지하는 데 초점을 맞춘다. 여기서 좋은 소식이자 나쁜 소식이 있다. 세계 어디서나 하루는 24시간이라는 사실이다. 그걸 바꿀 수는 없다. 초일류 기업 CEO건 세상에서 제일가는 게으름뱅이건 주어진 시간의 양은 같다.

잊지 말자. '10퍼센트'는 목표이기도 하지만 무엇보다도 사고방식의 문제다. 매일 10분의 1을 따로 떼어 투잡에 할애할 것까지는 없지만 시간을 내려면 일상을 조정해야 한다. 방법은 여러 가지다. 첫째, 한정된 시간에 여러 가지 목표를 달성한다. 둘째, 우선순위에 맞지 않는 일은 하지 않는다. 셋째, 패트릭 리넨뱅크 박사처럼 기존의 역량과 관련되면서 중요한 목표를 달성할 수 있는 일을 골라서 해 나간다.

시간의 가치를 높이자

시간은 유용하게 쓸수록 좋다. 같은 시간을 투자해서 더 많은 성과를 내는 방법을 찾으면 10퍼센트 사업가에게 큰 도움이 된다. 그렇다면 멀티태스킹을 하거나 하루 일과에 더 많은 업무를 쟁여 넣거나 두 가지 일을 동시에 하면 어떨까 싶을 것이다. 하지만 운전 도중 문자를 보내는 것은 금물이다. 그렇다. 멀티태스킹은 권하지 않는다. 일을 제대로 하고 또 즐기려면 집중해야 한다고 생각하기 때문이다. 단, 한정된 시간에 여러 가지 목표를 달성할 수 있다는 생각에는 동의한다.

한정된 시간에 여러 가지 목표를 달성하는 비결은 수동적인 활동을 조합하는 것이다. 가령 빨래를 개거나 러닝머신에서 운동하는 사이에 더 깊은 사고 활동을 하는 식이다. 전화를 몇 통 걸어야 한다면 출퇴근길 혹은 점심 시간이나 커피 타임을 이용하자. 라디오를 듣거나 스마트폰으로 게임을 하거나 언제나 똑같은 회사 사람들 험담을 하며 귀중한 시간을 낭비하는 대신 자기 자신을 위하여 새로운 일을 해 보는 것도 좋은 방법이다. 아침에 조깅하거나 샤워하면서 생각을 정리하는 것도 좋다. 아이의 학예회에서 다른 학부모와 이야기를 나누며 새로운 기회로 이어질 인맥을 쌓을 수도 있다. 10퍼센트 사업을 꾸려 나가는 데 도움이 되면서도 일상에 무리 없이 끼워 넣을 수 있는 방법들이다. 지인 중에 강아지를 산책시키는 동안 석유와 가스에 관한 팟캐스트를 듣는 사람이 있다. 그는 강아지를 데리고 동네를 도는 사이에 에너지 업계의 최신 경향을 파악한다.

업무 시간의 상당 부분을 뭔가를 기다리거나 끝없이 이어지는 회의로 날려 버리는 사람이 많다는 사실을 기억해 두자. 지난 20여 년 동안 업무의 효율성이 엄청나게 높아졌음에도 불구하고 사람들은 여전히 주당 40시간을 회사에서 보낸다. 이는 사무실에서 훨씬 많은 일을 해낼 수 있다는 것을 의미한다. 그럼에도 불구하고 나는 월가에 입성한 첫해에 '자리 지키기' 개념에 익숙해져야 했다. '자리 지키기'란 상사가 퇴근할 때까지 불문율처럼 부하 직원이 자리를 지키는 관행을 의미한다. 처리해야 하는 업무가 있든 없든. 대부분의 기업에서 굳어진 바람직하지 못한 풍조였다. 그런데 당시에 언제나 야근을 하고 자정이 한참 지난 시간에 이메일을 보내곤 하는 동료가 있었다. 상사는 다른 부하 직원들이 게으름뱅이처럼 쿨쿨 자는 동안 24시간 일에 몰두하는 그의 의지에 매번 감탄했다. 나 또한 그의 비범한 열정을 경외의 눈으로 바라보곤 했다. 그런데 수년 뒤 그가 자정이 한참 지난 시간에 이메일이 자동 전송되도록 설정해 둔 거라는 사실을 알았다. 그는 인터넷을 이용해서 온라인상에서 '자리 지키기'를 했던 것이다.

모르긴 몰라도 패트릭 리넨뱅크는 '자리 지키기' 따위는 신경 쓰지 않을 것이다. 그는 컨설팅 회사에서 일하던 시절에도 언제나 상사가 요구한 것 이상을 해냈다. 그 누구도 회사 일을 등한시하는 게 아닌가 의심할 수 없었다. 물론 너무 바빠서 외모를 유지하는 데까지 시간을 투자하지는 못했다고 한다. 그건 그렇고, 직업에 따라 다르겠지만 회사는 실질적인 업무 시간보다 성과를 바탕으로 인건비를 지불할 확률이 높다. 퇴근 시간 이후 혹은 주말에 업무 이메일에 답신한다 해도 초과근무수당을 받지는 못한다. 그렇다면 업무 시간 사이에 10퍼센트 사업에 할애할 시간을 잠깐 빼둔다 해서 문제가 될 이유도 없을 것이다. 이 책에 등장하는 10퍼센트 사업가들은 이 같은 방법을 이용해서 본업에 집중하는 와중에도 '10퍼센트'를 달성한다. 스마트폰에 담아다니는 사무실 덕분에 업무 시간 중에 몇 분간 짬을 내어 이메일을 쓰고, 전화를 걸고, 일상의 일을 처리할 수 있다.

10퍼센트 사업에 시간을 쓸 때 절대 넘지 말아야 할 선이 있다는 걸 강조해 둬야겠다. 어디까지나 본업을 우선시해야 한다. 업무 시간에는 특히 주의해야 한다. 본업이야말로 새로운 일을 계획하고 벤처 사업에 투자할 수 있도록 해 주는 존재다. 안정된 생활을 보장하고 직접 투자할 수 있는 현금을 공급해 주는 것이다. 업무 성과를 제대로 올리지 못한다면 10퍼센트뿐 아니라 나머지 90퍼센트까지도 위협하는 결과를 낳기 쉽다. 그런 리스크는 무릅쓸 가치도 없고 바람직하지도 않다. 회사 이메일을 포함해 회사가 제공하는 도구와 회사를 존중하자. 회사가 제공하는 도구는 신성불가침으로 여겨서 개인 사업에 쓰고 픈 유혹을 이겨 내야 한다. 또한 사규를 어기는 일이 없도록 근로 계약에 명시된 조건을 준수해야 한다.

소음을 끊어 내고 집중하자

할 수 있을지 모르겠지만 페이스북, 트위터, 유튜브, 넷플릭스, 블로그, 전자 상거래 사이트, 온라인 신문, 문자, 심지어 이메일이 없던 시절을 떠올려 보자. 남아도는 시간에 뭘 했는지 기억도 안 날 것이다. 미국인은 문자를 보내고 소셜미디어와 온라인 소통 수단을 이용하는 데 일주일에 23시간을 쓴다고 한다.[1] 영국, 인도네시아, 필리핀, 중국, 브라질, 나이지리아, 콜롬비아, 태국, 사우디아라비아, 남아프리카공화국, 체코, 러시아 사람들은 하루에 적어도 여섯 시간 동안 텔레비전, 컴퓨터, 스마트폰, 태블릿 등 각종 스크린을 본다.[2]

집중력을 흐트러뜨리는 요소를 줄여서 머릿속에 생겨난 여유를 우리의 새로운 프로젝트에 투자하면 삶이 바뀔 것이다. 당신이 나와 비슷한 성향이라면 이메일을 확인하고 인터넷 서핑을 하고 문자를 보내는 등 생산성을 깎아먹는 일에 시간을 낭비할 것이다. 이런 잡스러운 요소만 제거해도 초점을 잃지 않고 질서정연하게 살면서 일할 시간을 낼 수 있다. 사업에 집중하기 위해 골방에 틀어박힐 필요는 없지만, 사업할 때는 시간을 의미 있게 할애해야 한다. 텔레비전 보는 시간을 줄이고, 휴대전화를 꺼 두고, 컴퓨터의 알림 기능을 해제하자. 가능하다면 점심 시간에 사무실을 벗어나 일할 만한 조용한 공간을 찾아보자.

» 10퍼센트 사업 계획 1단계: 시간 자본 관리

'10퍼센트'를 쌓아 갈 여유 시간을 어떻게 낼 수 있을까? 우선 사무실 안팎에서 시간을 어떻게 보내는지 기록해 보자. 일주일가량 해 보면 된다. 중요한 점은 자신이 10퍼센트 사업에 배정하거나 그 외의 목표를 달성하는 데 쓸 수 있는 시간이 얼마나 되는지 가려내는 것이다. 가족과 함께 보내는 시간, 남들 혹은 나 자신을 돌보는 데 쓰는 시간은 양보할 수 없으므로 포함하지 않는다. 이런 근본 원칙을 염두에 두고 아래 활동에 얼마나 많은 시간을 쓰는지 확인해 보자.

- 출퇴근
- 전화 통화 혹은 문자 보내기
- 개인 이메일에 답하기
- 소셜미디어 확인, 뉴스 사이트 검색, 온라인 쇼핑
- 텔레비전 시청 혹은 영화 감상
- 운동
- 친구들과 어울리기
- 외식하기
- 기타

자신이 시간을 어떻게 보내는지 파악했다면 시간을 재배정하는 방법을 찾아보자. 자유 시간이 얼마나 필요한가? 매일의 일정 중에 낭비하는 시간은 없는가? 업무에 지장을 주거나 상사와 마찰을 일으키지 않고도 당신의 10퍼센트 사업에 할애할 여유 시간이 있는가?

우선순위를 정할 때는 건강 관리를 반드시 고려해야 한다. 건강은 건강할 때 지켜야 한다고 하지만, 사실 독감 이상의 병에 걸린 적이 없다면 몸이 반기를 들 때 어떤 기분이 드는지 감히 상상할 수조차 없다. 아프면, 정말 아프면 그제야 통감하는 식이다. 몸이 나아서 원상태를 회복할 때까지 커리어는 고사하고 몸을 추스르는 것 외에 어떤 것에도 집중할 수 없다. 난제를 이겨 내고, 신생 벤처를 찾아내고, 변화를 포용할 만한 육체적·정신적 힘을 지니려면 건강해야 한다. 자신을 잘 돌보면 생산성이 훨씬 올라가는 법이다. 건강한 식생활을 유지하고 일정에 맞춰 숙면을 취하고 운동할 시간을 내자. 언제나 기분이 좋을뿐더러 생각을 좀 더 명확하게 정리하는 데도 도움이 된다. 집중력을 높이고 싶다면 명상도 좋다. 잠깐 짬을 내어 명상의 시간을 가지면 정신이 매우 또렷해진다.

삶의 다른 부분을 보완해 주는 사업에 시간을 투자하자

인터넷 서핑을 하거나 텔레비전 보는 시간을 줄여서 시간을 내든, 다른 일이나 취미 생활보다 10퍼센트 사업을 우선시하여 시간을 마련하든 자신의 장점이나 흥미와 맞아떨어지는 벤처 사업을 고르면 효율적으로 일할뿐더러 삶을 즐길 수 있다. 패트릭 리넨뱅크는 적절한 분야를 골라 에너지를 집중하면 얼마나 큰 보상이 따르는지 보여 주는 좋은 사례다. 그는 지적 자본을 지닌 분야를 바탕 삼아 다른 흥미로운 분야를 탐색했다. 반대로 흥미를 느끼는 분야에 집중해서 지적 자본을 쌓기도 했다. 리넨뱅크는 의학 지식을 갖추었기에 과학수사를 공부할 수 있었고, 인권에 관심이 많았기 때문에 보안 교육에 투자했다. 다양한 지적 분야의 접점에 선 덕분에 회사를 세우겠다는 영감을 얻고 사업 계획을 짤 수 있었던 것이다. 더 큰 목표를 달성하기 위해 자신이 지닌 장점을 살리며 지적 자본을 늘려 간 셈이다.

리넨뱅크의 사례에서 생각해 볼 수 있는 상호 보완의 원칙은 함께 일할 사람을 고르는 데도 적용된다. 아끼고 존중하는 사람과 파트너십을 맺으면 자신의 삶에서 중요한 위치를 차지하는 사람과 함께 시간을 보낼 수 있다. 배우자나 자녀와 함께 투자할 경우 10퍼센트 프로젝트 덕분에 그들과 함께 보내는 시간이 늘어난다. 친구나 비즈니스 인맥도 마찬가지다. 버니 주식회사, 먼데이 나이트 브루잉, 오이스터 베이 양조 모두 인간관계를 바탕에 두고 창업했다. 이들은 협업할 방법을 찾았고, 쓸 만한 사업 아이디어가 떠오르면 파트너로서 함께 일하기 시작했다.

계획을 아무리 세심하게 세워도 너무 바쁘게 사는 게 아닐까 싶은 때도 있을 것이다. '10퍼센트'는 자신을 위해, 자신이 직접 정한 거라는 사실을 잊지 말자. 어디까지나 자신의 상황에 맞게 조율하면 되는 만큼 선택권 또한 언제나 자신에게 있다. 이 책에 등장하는 사람들도 타협, 갈등, 그만두고픈 끔찍한 날을 맞닥뜨린다. 그들의 하루도 우리와 마찬가지로 24시간이며 가족, 여행, 반려동물, 취미 생활 등 흥미로운 삶을 위한 온갖 요소로 가득하다. 삶이 걷잡을 수 없이 펼쳐진다는 생각이 들더라도 절망할 필요는 없다. 상황을 바꿀 수 있는 힘은 바로 자신에게 있다.

자산의 10퍼센트만 투자하라

정확한 양을 가늠하기 어려운 시간과 달리 돈은 곧이곧대로 셈할 수 있다. 내가 처음에 자산의 10퍼센트를 투자하기로 결정한 이유는 큰 부담 없이 편안한 마음으로 투자할 수 있는 금액이 그 정도였기 때문이다. 시간 투자와 마찬가지로 10분의 1 정도면 의미 있으면서 지나치게 리스크를 무릅쓰지 않는 금액이라고 생각한 것이다. 나중에서야 직감으로 정한 이 선이 시장의 선과도 맞아떨어진다는 사실을 깨달았다. 창업가 정신을 육성하는 세계적인 비영리조직 카우프먼 재단 Kauffman Foundation의 연구 보고에 따르면 엔젤 투자자는 자산의 10퍼센트를 벤처 기업에 투자한다.[3]

10퍼센트 사업에 투자하기 위해 따로 떼어 둘 돈이 적거나 거의 없을지라도 적용해 볼 만한 사례나 전략을 이 책에 소개해 두었다. 물론 자금을 확보해야만 가능한 투자 기회도 있다. 그러므로 최종 목표는 금전 자본의 일부, 가능하면 자산의 10퍼센트를 넘는 금액을 투자하는 것이다. 세금을 내는 셈 치자. 이 정도 돈을 투자해 두면 금전 자본을 다각화하고 미래를 준비해 나가는 데 도움이 된다. 장기 계획을 도모하는 만큼 지금 당장 투자하지 못하더라도 나중에는 투자할 수 있도록 준비해 나가면 된다는 사실을 잊지 말자.

투자하면 금전 수익을 얻을 뿐 아니라 자산을 다각화할 수 있다. 단순히 커리어뿐 아니라 포트폴리오에 들어 있는 다른 자산도 마찬가지다. 대부분의 사람들은 가장 큰 돈을 집에 투자한다. 최근 뉴욕대학에서 진행한 연구에 따르면 미국의 경우 상위 1퍼센트는 자산의 9퍼센트를 집에 투자한다고 한다. 반면 중산층은 순자산의 63퍼센트가 주택에 묶여 있다. 알다시피 한 곳에 투자를 집중하는 것은 위험하다. 지난 금융 위기가 주택 소유주에게 가장 큰 타격을 입혔다는 사실을 감안한다면 더욱 그렇다. 여윳돈으로 집을 개축해서 방 하나를 늘리기 전에 그 돈을 10퍼센트 프로젝트에 투자하여 재정 상황을 다각화하는 건 어떨까 고려해 보자.[4]

그렇다면 여윳돈을 따로 마련하는 실질적인 방법은 무엇일까? 돈을 관리하는 것은 시간 관리와 마찬가지로 선택의 문제다. 자신이 돈을 어떻게 쓰는지, 자산을 어떻게 투자하는지 냉정하게 살펴보자. 지금 혹은 나중에 10퍼센트 사업에 투자할 금전 자본을 따로 떼어 둘 만한 계획을 세울 수 있을 것이다.

소소하다 해도 이런저런 지출을 다 합쳐 보면 놀라울 만큼 큰 금액이 된다. 미국인은 커피 값으로 연간 1,000달러 이상을 지출하며 소득의 1퍼센트를 술에,[5] 연봉의 5퍼센트를 외식에 지출한다.[6] 케이블 텔레비전 패키지 비용은 이제 연간 1,200달러를 넘는다. 거의 보지도 않는 프리미엄 채널을 몇 개 넣은 탓에 매달 200달러가 넘는 케이블 요금 고지서를 받았을 때 나는 케이블을 아예 끊어 버리기로 마음먹었다. 그렇게 저축한 금액을 이제 프로젝트에 투자한다. 뭐든 볼 만한 프로그램을 찾으려고 수십 개의 채널을 돌려 대는 것보다 '10퍼센트'가 늘어나는 걸 보는 쪽이 훨씬 즐겁다.

» 10퍼센트 사업 계획 2단계: 금전 자본 관리

자신의 재무제표를 준비하자. 가능하면 엑셀을 이용해서 현재 지닌 금전 자본을 상세히 기록하자. 재무제표를 작성했다면 향후 5년까지 승진에 따른 금전 자본의 증가라든가, 보너스 혹은 집이나 차 등의 자산을 팔아서 남는 수익 등 예측할 수 있는 재정상의 큰 변화를 더해 나가자. 그런 다음 집을 산다든가, 자신 혹은 주변의 학비를 댄다든가, 값비싼 물건을 구매하는 등 예상 가능한 투자를 추가해서 재무제표를 수정해 보자. 5개년 계획이 완성되었다면 아래 문제를 계산하자.

· 현재 10퍼센트 사업에 얼마만큼의 자본을 따로 떼어 둘 수 있는가?
· 5년 뒤에는 10퍼센트 사업에 자본을 얼마나 투자할 수 있을까?

자, 이제 개인 예산을 짤 차례다. 생활비를 제하고도 남아서 저축액을 늘릴 만한 돈이 있는가? 있다면 얼마나 되는가? 매년 10퍼센트 사업에 투자할 여윳돈을 마련하기 위해 해 볼 수 있는 일은 무엇인가?

〈부록〉의 표를 참고해서 금전 자본을 계산하고 개인 예산을 짜 보자.

저축을 하라는 것은 일상을 극단적으로 바꾸고 삶의 재미를 몽땅 없애 버리라는 뜻이 아니라 여윳돈을 좀 마련하라는 의미다. 기존의 저축이나 투자를 바탕으로 수익을 내거나 지출을 줄여서 좀 더 저축하면 된다.[7] 시간이 지날수록 금전 자본을 바탕으로 다양한 투자 포트폴리오를 만들어 나가고, 중간에 얻은 수익을 재투자하게 될 것이다. 저축한 돈으로 투자하는 과정을 시작하려면 현재의 재정 상황과 저축할 수 있는 금액을 정확히 파악해야 한다.

투자금이 있다면

사업에 금전 자본의 1퍼센트만 투자하든 100퍼센트를 투자하든 모든 투자 기회가 같은 수준의 리스크와 수익을 약속하지는 않는다. 부동산 투자는 반려견의 데이트 어플을 만들려는 사업가에게 자금을 대는 것과 전혀 다르다. 안전하고, 예측가능성이 높고, 가치를 매기기 쉬운 투자가 있는가 하면 반려견의 데이트 어플도 있는 것이다. 리스크를 감수할 준비가 얼마나 되어 있는가에 따라 다르지만 불확실한 투자에 돈을 댔다가는 밤잠을 설칠 수도 있다. 투자할 때는 리스크를 무리 없이 감당할 수 있는지 고려해야만 한다.

　10퍼센트 사업의 근본 목표는 미래를 향한 기회를 만들어 내는 것이다. 엔젤 투자자로서 금전 자본을 투자한다면 향후 수익을 내리라는 기대를 품고 유망한 기업에 자금을 댈 것이다. 그럼 과연 얼마만큼의 수익을 기대할 수 있을까? 카우프먼 재단은 포트폴리오를 짰을 때 투자자가 3.5년 동안 돈을 2.5배로 불렸다는 사실을 알아냈다. 1,200여 건의 투자를 모은 데이터베이스를 기반으로 엔젤 투자자가 얻은 수익을 조사한 15년간의 광범위한 연구에 따른 결과다. 이는 연간 30퍼센트의 수익률이다. 그런가 하면 벤처 캐피털리스트 데이비드 테튼은 12건의 연구를 취합한 결과 엔젤 투자자가 기대할 수 있는 수익은 연간 18퍼센트에서 54퍼센트에 이른다고 발표했다.[8]

　놀라운 결과가 아닐 수 없다. 장기 주식 투자의 목표 수익률이 연 10퍼센트이며, 현금 자산에 붙는 연이율은 3.5퍼센트[9]라는 점을 감안하면 더욱 놀랍다. 10년이라는 기간을 적용하면 수익은 점점 늘어난다. 엔젤 투자자의 다각화된 포트폴리오는 현금 자산을 들고 있는 것보다 열 배는 족히 넘고 주식에 투자할 때보다 다섯 배가 넘는 수익을 창출할 수 있다. 물론 이들 연구는 모두 포트폴리오를 짰을 때의 수익률을 바탕으로 한다. 포트폴리오 투자 중 일부는 평균보다 훨씬 높은 성과를 내지만, 개중에는 완전히 실패하는 투자도 있다는 뜻이다. 그렇기 때문에 신중한 투자자는 단순히 기업 한두 곳에 투자하지 않고 미래를 보며 포트폴리오를 만들어 나간다.

연간 투자할 수 있는 돈이 5,000달러든 혹은 10만 달러든 포트폴리오를 짤 때는 여러 가지 원칙을 염두에 두어야 한다. 첫째, 10퍼센트 사업이 미래를 향한 기회를 만들어 내는 수단이기는 하지만, 전반적인 재정에 영향을 미치지 않아야 한다. 자신의 여력을 벗어나는 금액을 어느 정도 리스크가 예상되는 벤처에 장기 투자하는 것은 금물이다. 이거야말로 10퍼센트라는 선의 장점이다. 분산 투자를 통해 모든 달걀을 한 바구니에 담지 않는 것이다. 둘째, 장기간에 걸쳐 포트폴리오를 다각화하려고 노력해야 한다. 당신의 10퍼센트 사업에 각종 자산과 프로젝트를 더해 나가면서 투자 포트폴리오를 만들자. 엔젤 투자자라면 투자를 분야별 혹은 기업의 성숙도별로 분류할 수 있다. 포트폴리오에 담긴 투자처를 점차 늘려 나가면 사업을 다각화하고 리스크를 낮추며 성공 기업에 투자하는 확률을 높일 수 있다.

고문형 역할을 맡아서 금전 자본을 보완할 수도 있다. 금전 자본을 투자하든 지적 자본을 투자하든 투자한다는 사실은 변함이 없다. 물론 지적 자본을 투자할 경우 지갑이 아니라 시간 리스크만 감수하면 된다는 점이 다르다. 시간뿐 아니라 현금도 투자할 경우, 같은 기업에서 엔젤 투자자와 고문 역할을 동시에 맡으면 더욱 바람직하다. 고문형으로 경영진과 함께 일하면서 회사를 더 키우는 데 기여할 수 있다. 회사가 성장하면 엔젤 투자자로서 취득했든 고문형으로 받았든 소유한 주식의 가치가 올라가고, 덕분에 전체 수익을 최대화할 수 있는 것이다.

10퍼센트 사업 프로젝트는 자산을 다각화하는 방법인 동시에 자신의 인생 지분을 가진 사람들과 리스크에 관해 이야기해 보는 기회를 마련해 주기도 한다. 자율성을 확보하고 싶지만 그 때문에 인간관계를 무너뜨리고 싶지는 않을 것이다. 그래서 금전적 운명을 함께 하는 배우자 등 주변 사람과 자신의 투자 전략에 관해 상세히 의논해 봐야 한다. 함께 의논하다 보면 어느 정도의 리스크를 감수할 것인지 합의점을 찾을 수 있다. 그 합의를 바탕으로 투자를 다각화하여 포트폴리오상의 리스크 균형을 맞출 수 있을 것이다.

이제 프로젝트에 투자할 수 있는 시간 자본과 금전 자본을 확보했으니 지적 자본에 눈을 돌릴 차례다. 역량이나 경험의 양을 측정하는 것은 시간이나 돈을 셈하는 데 비해 애매하지 않을까 생각할 수도 있다. 하지만 지적 자본은 시간 자본, 금전 자본과 마찬가지로 중요한 자원이다. 이후에 자세히 다루겠지만 지적 자본을 현명하게 투자하면 시간 자본과 금전 자본보다 더 많은 것을 얻는다. 단순히 돈을 넘어서 좋아하는 일을 할 때 느끼는 기쁨과 경험이라는 수익까지 얻을 수 있다. 금전적, 비금전적 수익이 끊임없이 나오는 샘을 만드는 열쇠는 자신의 장점이나 관심사와 맞아떨어지는 프로젝트를 고르는 것이다.

THE 10% ENTREPRENEUR

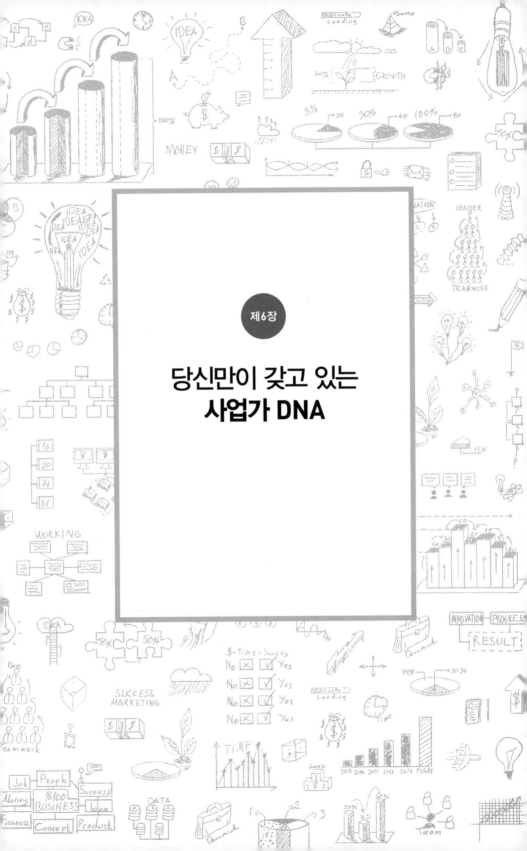

제6장

당신만이 갖고 있는
사업가 DNA

메리 올리버의 〈여름날〉 한 구절이다.[1]

무엇을 할 생각인지 말해 줘요,
파란만장하고 귀중한 단 한 번뿐인 인생으로.

매해 1월 1일마다 이 질문에 답하여 몇 십 년 동안 모아 보면 어떤 삶을 살았는지 고스란히 드러난다. 젊었을 때는 다양한 일을 꿈꾸다가 점차 현실적인 문제로 옮겨 갈 것이다. 그사이 우선순위도 바뀔 것이다. 모든 변화는 내가 배우고 싶어 했든 그렇지 않았든 삶이 가르쳐 준 지혜와 교훈의 부산물이다. 그런 일들은 자연스레 일어나며 대개는 피할 수 없다.

예전에는 중요하게 생각한 일들을 자각조차 못 한 채 놓아 보낼 수도 있다. 서서히, 거의 알아차리지도 못하고 자신의 입지를 내주는 것이다. 우리는 과거를 제대로 돌아보지 않는다. 그러다 가끔 지난날을 돌아보면 온전히 내가 내린 선택이 아니라 상황에 휩쓸려서 한때 중요하게 여기던 가치를 놓아 버렸다는 것을 깨닫는다.

10퍼센트 사업 프로젝트는 하기 싫은 일이나 해야 하는 일이 아니라 원하는 일을 하도록 해 준다. 본업에 충실하면서도 투잡으로 사업을 해 나간다는 것은 리스크를 무릅쓸 만한 여력이 되고 삶을 소중히 하며 활기차게 살아갈 역량이 있음을 의미한다. 좋아하는 일을 발견하고, 언제나 해 보고 싶었던 일을 하고, 새로운 것을 탐험할 수 있다. 상황이 생각대로 풀리지 않더라도 본업이라는 꽤 괜찮은 대안이 있으니 가능한 일이다. 상황이 어떻게 흘러가든 교훈을 얻고, 귀중한 역량을 익히고, 새로운 사람들을 만나고, 머릿속을 맴도는 질문인 '이렇게 했더라면?'에 답할 수 있다. 설령 실패한다 해도 가정과 자신이 아끼는 것들은 그대로 남아 있다.

이런 식으로 열정을 좇다 보면 무엇보다도 중요한 자원, 즉 지적 자본을 최대한 활용해야겠다는 답에 이르게 될 것이다. 지적 자본이야말로 메리 올리버가 던진 질문의 대답에 가장 직접적으로 영향을 미치는 요소이기 때문이다.

제6장에서는 내 안의 자원, 지적 자본을 탐색하는 데 초점을 맞춘다. 우선, 10퍼센트 사업을 꾸려 나가는 과정에서 어디에 집중할지 명

확히 파악하기 위하여 자신의 관심사를 좀 더 생각해 봐야 한다. 자신의 관심사쯤이야 이미 안다고 자신하더라도 여유를 두고 폭넓게 생각해 보자. 전심전력으로 뛰어들 정도는 아니라고 생각한 아이디어나 기회가 투잡이라면 괜찮을 성싶을 수도 있으니, 이 단계에서는 마음을 열고 자신에게 주어진 선택지를 모두 고려해 봐야 한다. 초점을 좁혀 나가는 시간은 앞으로도 충분하다.

관심이 가는 분야를 목록으로 정리했다면 이제 지적 자본으로 눈을 돌릴 차례다. 역량과 경험이 있다면 똑똑한 결정을 내리고, 장점을 서로 연결하고, 참여하고, 여러 벤처가 성공하는 데 도움을 줄 것이다. 본업, 학력, 취미 등 지금까지 살면서 배워 온 모든 것이 여기 해당된다. 이 같은 요소는 모두 지적 자본의 바탕을 이루기 때문이다.

자, 한발 뒤로 물러나 백지 상태에서 시작해 보자. 해 볼 만한 사업 아이디어를 생각해 두었든 아니든 지금 단계에서 뭔가를 확정 지을 필요는 없다. 이 시점에서는 한계도 없고 잃을 것도 없다. 지금 투자하는 것은 돈이나 노력이 아니라 생각할 시간뿐이므로 무엇을 하고 싶은지 자유롭게 생각하면 된다.

경제학자는 여러 가지 대안 가운데 한 가지를 선택할 때 포기해야 하는 것을 측정하기 위해 '기회비용'의 관점에서 사고한다. 무언가를 선택한 결과로 포기해야 하는 이득의 가치를 계산하는 것이다. 가령 회사를 창업하려고 직장을 그만둔다면 기회비용은 직장에서 제공하던 보상이 될 것이다. 이런 식으로 접근하면 자신이 내린 결정이 재정에 얼마나 큰 영향을 미치는지 측정할 수 있다. 사실 커리어에서 변화를 도모하기 어려워하는 것도 같은 맥락에서 설명할 수 있다. 회사를 그만두는 것에 따르는 기회비용이 높을 경우 회사를 다니는 것은 황금 수갑을 찬 듯한 기분인 것 말이다.

마음이 붕 뜨지 않도록 붙들어 준다는 면에서 기회비용은 중력과 비슷하다. 하지만 이 단계의 목적은 생각의 나래를 자유롭게 펼치는 것이니만큼 현실은 잠시 옆으로 제쳐 두자. 그리고 기회비용이라는 개념을 반대로 뒤집어서 상상해 보자. 내일 회사에 출근했는데 정문에 자물쇠가 걸려 있다고 가정해 보는 것이다. 직장을 뒤로하고 떠나는 기회비용이 0이 되었으니 회사에 발목 잡힐 일 없이 다른 길로 나갈 수 있다. 이렇게 '새로 고침' 버튼을 누를 수 있다면 어떤 일을 하고 싶은가?

우선 회사를 그만둔 뒤 뛰어들고 싶은 다양한 직업을 적어 보자. 흥미롭고 신나는 아이디어를 짜내고 자유로이 꿈꿔 보는 것이다. 본업의 울타리 밖에서 생각하고 마음 한편에 밀쳐 둔 아이디어를 자유로이 탐색해 보자. '기회비용 제로' 단계를 밟을 때 염두에 두어야 하는 것들은 다음 페이지에 적어 두었다. 지금 가지고 있거나 가까운 시일에 손에 넣을 수 있는 지적 자본과 지금까지 해 온 아이디어를 연결해 보자. 현실에서 발을 살짝 떼는 건 좋지만 우주까지 날아가 버리지 않도록 주의하자. 고양이처럼 재빠르거나 감독의 사인이 떨어지자마자 눈물을 흘릴 수 없다면 육상선수나 배우 등의 직업은 목록에서 지우라는 뜻이다. 그 외에 발목을 잡을 만한 금전적·지리적 제약 등 다른 요소는 아직 신경 쓰지 말자. 경계선을 그려 넣으려면 일단 지도를 그려야 하는 터, 엄격한 현실보다는 잠재적 가능성을 바탕으로 생각해 보자. 뭔가를 해낼 역량이 있는 분야는 모두 써 넣자.

아이디어 목록은 일상의 책임과 직책, 과연 해도 될까 자문하게 되는 끈질긴 자기 회의에 휘둘리지 않고 자유롭게 작성해야 한다. 목록에 오른 아이디어는 관심사와 역량 외의 다른 요소로부터 완전히 자유로워야 한다. 자신과 자신을 잘 아는 사람이라면 모두 고개를 끄덕일 만한 아이디어가 목록에 올라 있을 것이다. 그 아이디어를 부모님이나 배우자, 멘토, 절친한 친구에게 보여 주면 미소 지으며 "과연…… 딱 들어맞는걸." 하고 격려할 것이다.

» 10퍼센트 사업 계획 3단계: 기회비용 제로 – 무엇을 하고 싶은가

기회비용을 바탕으로 생각하면 본업의 책임과 범위 밖으로 한발짝 벗어나 좋아하는 것, 재능, 꿈에 초점을 맞추고 '무엇을 하고 싶은가?'라는 질문에 답할 수 있다. 구조적으로 사고하는 최선의 방법은 관심사를 찾아내는 데 도움이 되는 여러 가지 질문에 답해 보는 것이다. 나중에 참고해야 하니까 답은 메모해 두자.
우선 아래 질문에 답해 보자.

· 업무 시간에 무엇을 하며 시간을 보내고 싶은가?
· 즐겁게 처리하는 일상 업무는 무엇이 있는가?
· 남과 다른 특별한 재능이 있는가?

- 팀으로 일하는 것과 혼자 일하는 것 중 어느 쪽을 좋아하는가?
- 어떤 종류의 문제를 해결하는 것을 좋아하는가?
- 조언자와 리더 중 어느 쪽에 가까운가?
- 한 가지 일을 하고 싶은가 아니면 다양한 일을 하고 싶은가?
- 일할 때 가장 잘해 내는 부분과 어려움을 겪는 부분은 무엇인가?
- 일에서 좋아하는 점과 싫어하는 점은 무엇인가?
- 지금까지 해 온 일 중 가장 즐거운 일은 무엇인가?
- 남은 인생 동안 한 가지 일만 해야 한다면 어떤 일을 하고 싶은가?
- 학창 시절에 가장 좋아한 과목은 무엇이었는가?
- 16세와 25세 때 어떤 직업을 갖고 싶었는가?
- 업무와 관련하여 존경하는 사람은 누구인가?
- '이 사람의 직업을 내가 가졌더라면' 싶은 사람은 누구인가?
- 머릿속을 맴도는 사업 아이디어가 있는가?
- 멘토나 친구들은 나에게 맞는 이상적인 직업이나 역할이 무엇이라 생각하는가?
- 평상시 무엇을 즐겨 읽는가? 뉴스에서는 어떤 주제나 분야에 관심을 갖는가?

자, 이제 위 질문에 대한 답을 바탕으로 아래 질문의 답을 구해서 매력을 느끼는 분야, 역할 혹은 업무의 목록을 만들어 보자.

- 어떤 유형의 사업 기회를 좇고 싶은가? 어떤 분야 혹은 사업 모델에 흥미를 느끼는가?
- 같이 일하고픈 사람들은 누구인가?
- 어떤 역량을 키우고 싶은가?
- 꿈꾸는 프로젝트는 무엇인가?
- 리드하는 것, 조언하는 것, 동등한 파트너가 되는 것 중 어느 쪽을 선호하는가?

직장과 사업을 병행하는 비결

경영대학원 2학년 때 '심화 경쟁 전략' 강의를 들었다.[2] 수업의 부제 '사업 통합'Integrating the Enterprise의 의미가 조금 알쏭달쏭했던 기억이 난다. 하지만 학기를 끝내면서 '사업 통합'이라는 두 단어에 깊은 의미가 숨어 있다는 것을 깨달았다. 사업이 성공하려면 모든 활동이 하나로 연동해서 통합되어야 한다. 똑똑한 기업은 전략에 주의를 기울여서 자신을 강화해 나가고 선순환을 만들어 낸다. 전체를 아우르는 전략이 있기 때문에 사업의 각 부분도 더 나은 성과를 올린다. 당연한 소리 아니냐고 생각할 수도 있겠지만 사실 그 전까지는 사업을 '하나의 통합된 기계'라는 관점에서 바라본 적이 없었다.

긴밀하게 통합된 전략을 갖춘 기업은 엘리트 육상선수와 같다. 세계 수준의 마라톤 선수를 관찰해 보면 몸의 움직임이 어딘가 기계적이라는 사실을 깨달을 것이다. 각 근육이 움직여서 선수의 몸을 결승선에 좀 더 가까이 가져간다. 발동작이나 팔의 움직임 등 자세를 만드는 하부 요소가 각각을 보완해서 많은 힘을 들이지 않고도 앞으로 날듯이 달려가도록 해 준다. 좀 더 효율적이고 속도도 빨라질뿐더러 자세를 이루는 모든 요소가 한데 발맞추어 작동하므로 부상을 입을 확률도 낮아진다. 선순환을 이루는 것이다. 경제적으로 움직이고 목적을 통일한 덕분에 육상선수는 몸의 각 부분을 통합적으로 사용할 수 있다.

엘리트 육상선수가 달리는 모습, 기계의 부속이 힘을 합쳐 임무를 완수하는 모습을 떠올리고 10퍼센트 사업에도 같은 기준을 적용해 보자. 스스로 내리는 결정, 노력, 행동은 모두 전략에 기여해야 한다. 지적 자본이 업무 관심사, 열정, 인맥 그리고 '10퍼센트'와 더 긴밀하게 연결될수록 하나하나 행동해 나갈 때마다 더 많은 것을 성취할 수 있다. 10퍼센트와 나머지 90퍼센트가 긴밀한 관계를 유지하고 있다면 삶 전체, 즉 100퍼센트에서도 성공하고 보람을 느낄 확률이 높아진다.

이런 요소를 제대로 연결시키고 있는지 여부는 어떻게 알 수 있을까? 개인 사업 특유의 자율적인 프로젝트를 하기 시작하면 직관으로 감이 올 것이다. 온갖 일을 하는데도 시간과 노력을 들이는 것이 '노동'처럼 여겨지지 않을 것이기 때문이다. 사업 기회를 분석하고, 조사하고, 결정하고, 인맥을 쌓고, 전화 회의를 할 짬도 따로 낼 것이다. 지적 자본을 바탕으로 자기 자신과 타인에 대해 수많은 질문을 던지는 한편, 자신을 안전지대 밖으로 끌고 나갈 것이다. 불확실한 미래나 리스크와 싸우고, 모호한 문제로 씨름하고, 때로는 직감을 믿어야 할 때도 있다. 성공도 하고 실패도 맛볼 것이며 반가움과 놀라움, 달갑잖은 충격을 받을 때도 있을 것이다. 이 모든 것이 사업을 쌓아 나가는 과정이다. 씨앗은 이렇게 심는 것이다. 이 모든 것이 자신이 선택한 결과물이므로 일하는 게 힘겨운 노동처럼 여겨지지 않을 것이다.

디팔리 파트와가 지닌 '10퍼센트'는 열정을 좇는 촉매가 되어 주었고, 나아가 분주한 삶 속에서도 자기만의 관심사를 탐색하도록 해 주었다. 파트와가 이끄는 아동복 브랜드 마살라 베이비Masala Baby 는 뭄바이를 거쳐 브루클린에 도착한 사람만이 만들어 냄 직한 분위기를 풍긴다. 마살라 베이비의 카탈로그에 실린 아이들은 파트와가 사는 뉴욕 특유의 성격, 즉 인종의 다양성을 맘껏 드러낸다. 동시에 아이들을 하나로 묶는 통일된 요소가 있다. 바로 파트와의 모국인 인도 특유의 색과 디자인으로 만든 옷을 입고 있다는 점이다. 파트와의 아들 엘란도 카탈로그의 아동 모델이며, 마살라 베이비의 모델은 모두 그녀가 사는 아파트 복도에서 마주친 아이들이다.

젊은 시절 디자인을 전공한 파트와는 인도의 시골을 샅샅이 돌아다니고 몇 달씩 머물면서 모국의 디자인 전통을 향한 깊은 감수성을 키울 수 있었다. 특별 연구원 자격으로 뉴욕에 거주하면서 그녀는 인도의 독특한 감성을 새로운 보금자리가 지닌 특징과 한데 융합하는 것을 삶의 목표로 삼았다. 물론 하룻밤 사이에 이룰 수 있는 목표는 아니었으므로 그녀는 10여 년간 홈패션 장식 업계에서 일하며 지적 자본과 신뢰도를 쌓아 나갔다.

이윽고 파트와는 가정을 이루었고, 아기 방에서 우연히 인도와 접점을 찾을 수 있는 그럴듯한 기회를 찾아냈다. 어머니가 인도에서 보내준 아기 옷을 아들에게 입힐 때마다 주변의 선풍적인 반응이 쏟아졌던 것이다. 인도의 디자인 감각을 유아복이라는 유망한 시장에 부어 넣을 방법이 없을까? 그녀는 5,000달러를 투자해서 아기 옷 열 종류를 개발했고 유아복 박람회에 부스를 내서 아이디어가 쓸 만한지 확인해 보기로 했다. 첫날부터 대박이었다. 얼마 지나지 않아 파트와는 침실에서 제품을 영업하고 지하실에 재고를 보관하며 여유 시간에는 점점 늘어나는 제품 라인을 미국 전역의 아동복 매장에 배송했다.

운영을 개시한 지 5년이 지나자 마살라 베이비는 시즌마다 1,000여 가지가 넘는 아이템을 디자인해서 생산하기에 이르렀다. 기존 고객층과 아들 엘란이 자라나면서 유아복뿐 아니라 아동복으로도 사업을 확장했다. 이제 온라인 사이트, 250곳이 넘는 편집숍, 노드스트롬 등의 대형 소매점이 마살라 베이비 제품을 취급하고 있다. 전 제품은 인도에서 생산하며 가능하면 공정 무역과 유기농 생산 업체를 이용한다. 파트와는 여성 사업 육성에도 관심이 많아서 생산 파트너 중 여럿이 여성이다. 브랜드의 인지도가 높아지자 그녀는 예상치 못한 곳에서 마살라 베이비 제품을 보기도 했다. 《피플》People에 찍힌 매튜 맥커너히의 아들 리바이가 마살라 베이비의 튜닉을 입은 걸 어느 패션 블로거가 발견하면서 해당 제품이 하룻밤 새 매진되었다.

마살라 베이비가 성공하고 자신이 키워 온 10퍼센트 사업의 수요가 늘어나자, 파트와는 결국 커리어의 초점을 바꾸기로 결심했다. 본업을 그만두고 마살라 베이비와 윤리적으로 생산한 인도 장인의 제품을 미국에 수입하는 멜라 아티장Mela Artisans 의 최고창의성책임자 역할에 시간을 반씩 할애하기로 한 것이다. 마살라 베이비와 멜라 아티장은 같은 비전을 공유하고 가치관도 겹치는 부분이 많아서 양쪽 업무를 모두 관리하는 일이 힘겹지만 불가능한 정도는 아니다. 뚜렷한 시너지 효과가 있기 때문이다. 또한 마살라 베이비 사무실과 멜라 아티장의 사무실이 복도를 사이에 두고 마주 보는 터라 두 업무 사이의 마찰도 최소화할 수 있었다.

심사숙고해서 계획을 짠 덕분에 파트와는 다양한 퓨전 재능을 지닌 디자이너임을 증명해 보였다. 이제 가족, 패션, 인도, 사업을 향한 파트와의 열정이 한데 모여 그녀만의 역량과 꿈을 드러내고 있다. 파트와의 사례에서 볼 수 있듯이 지적 자본과 열정이 만나면 직관으로 느낌이 온다. 상상을 초월할 만큼 효율이 높아지고 모든 게 물 흐르듯 연결되어 있으며 생산성도 높아진다. 내가 '해야 하는 일'을 한다는 사실을 느낌상 알기 때문이다. 물론 파트와는 열심히 일하지만 근면이 성공을 결정지은 것은 아니었다. 마살라 베이비는 그녀가 중요하게 여기는 요소를 모두 반영하여 회사를 삶의 다른 부분과 통합했고 무엇보다도 무척 자연스럽게 이루었기 때문이다.

지금 돌아보면 그녀가 디자이너에서 사업가로 변신한 것이 당연한 일처럼 여겨지지만, 처음에는 파트와도 다른 초보 사업가와 마찬가지로 일을 통해 실력을 쌓아 나가는 한편 가슴 뛰는 아이디어를 찾고자 열심히 노력했다. 관심사 외에 역량에 대해서도 미리 고민해 두었으므로 마살라 베이비라는 아이디어가 머릿속에 떠올랐을 때, 파트와는 가슴이 뛰었을 뿐 아니라 아이디어를 테스트하기 위해 시간과 자금을 투자할 준비도 모두 갖춰 둔 상태였다.

사업 아이디어가 없거나 능력보다 열정이 앞선다 해도, 혹은 능력은 되는데 열정이 없다 해도 풀 죽을 필요는 없다. 하늘에서 근사한 아이디어가 뚝 떨어지는 경우는 없는 법이니 자신의 경험과 관심사에서 뭔가 쓸 만한 아이디어를 얻어 내려면 공을 들여야 한다. 사업가가 생겨나는 업계와 배경이 다양한 만큼 특정한 경험이 꼭 필요한 것은 아니라는 사실을 명심하자. 그보다는 자신이 가장 능숙하게 할 수 있는 분야를 찾아내고 자신의 능력을 활용할 만한 기회를 발견해 내는 것이 중요하다.

모든 경험을 활용하라

같은 업계에서 한동안 같은 업무를 하다 보면 매일같이 하는 일이 실은 상당히 독특하다는 사실을 잊기 쉽다. 엑셀을 이용해서 스프레드시트를 만드는 능력이 출중한 사람들에게 둘러싸여 지내다 보면 바깥 세상에는 스프레드시트를 보기만 해도 오금이 저리는 사람이 많다는 사실을 잊어버린다. 우습지만 한때 애써 배운 지식도 시간이 지나면 아무것도 아닌 듯 여기기 쉽다. 하지만 같은 일을 하는 주변 동료들에게서 한발짝 떨어져 일상의 경계를 벗어나면 자신이 가진 지적 자본은 누구나 지닌 자산이 아니라는 사실을 깨닫는다. 변호사는 마법처럼 스프레드시트를 만들어 내는 회계사의 능력을 보고 감탄한다. 한편 회계사는 디자이너가 아이디어를 떠올리고 기능과 형태를 조화시키는 모습을 보며 입을 다물지 못한다. 이 같은 현상은 IT, 마케팅, 예술, 목공 등 전문 기술이 필요한 모든 분야에서 광범위하게 일어난다.

'기회비용 제로' 단계에서 일상의 경계를 벗어나 '내가 하고 싶은 일은 무엇인가?'라는 질문에 대한 답을 고민해 봤을 것이다. 이제 긴 목록을 정리해서 장점을 활용할 수 있는 분야에 초점을 맞출 차례다. 그러려면 다른 질문에도 답해야 한다. '나는 무엇을 잘하는가?'이다. 자신이 가진 지적 자본에 관해 고민해 볼 때가 온 것이다.

누구나 살면서 한번쯤은 이력서를 써 봤겠지만 자신이 잘하는 일, 특히 자신이 가진 지적 자본을 짚어 내서 맥락에 맞게 정리하는 것은 생각보다 어려운 일이다. 10퍼센트 사업가로서 첫발을 내디뎠을 때 가족, 친구들, 무엇보다도 내가 발전하도록 도와줄 수 있는 사람들에게 내 의도를 명확히 설명하지 못해 고심했던 기억이 난다. 나는 설득력도 없고, 생각이 정돈되지도 않았으며, 시간을 들여 목표를 정하지도 않았고, 관심 가는 분야에 대해 전반적인 지식이 있기는 했지만 모든 가능성을 고려해 보지도 않았다. 다행히도 당신은 앞에서 그 과정을 거쳤으니 난제를 어느 정도 해결한 셈이다. 내가 처음 시작했을 때보다 몇 걸음 앞서서 출발하는 것이다.

나 자신도 나를 잘 파악하지 못했으므로 내 장점을 상대방에게 전할 때 내가 해 온 일을 적절한 맥락에 맞추어 정리하지 못했다. 내가 이룬 성과 중 일부에 관해 말할 수도 있었지만 즉석에서 작성한 역량 목록은 일관된 흐름이 있지도 않았고 서로 연관되어 보이지도 않았다. 게다가 최근 몇 년간 해 온 일은 기억했지만 사회 초년생 시절의 업무나 인맥까지 돌아보며 삶을 포괄적으로 정리한 적도 없었다.

　초점이 없다는 건 큰 문제였다. 채용전문가 케나에게 조언을 구하자 그 점이 확연히 드러났다. 케나는 내 배경과 장점을 요약해서 말해달라고 주문했다. 나는 입을 열고 족히 5분은 주절거렸다. 겉보기에는 아무 상관도 없을 성싶은 관심사를 늘어놓고 예전에 한 일을 소상히 설명하고 파키스탄, 터키, 콜롬비아 등지에서 진행한 프로젝트에 얽힌 의미 없는 일화 두어 개를 끼워 넣었다. 마침내 내가 입을 다물자 케나가 눈썹을 치켜 올리고 눈을 몇 번 감았다 뜨더니 몇 가지 조언을 해주었다.

　"패트릭, 지금까지 해 온 일에 대해 남김없이 말하겠다는 유혹은 버려요. 흥미롭긴 하지만 듣는 입장에서는 좀 벅차니까요. 대신 누구한테 말하는 건지 파악하고 그들이 무얼 중시하는지 생각한 뒤 그에 맞춰 메시지를 다듬어야 해요. 지금 모든 것을 다 말하지 않더라도 언젠가 그 분야에 관해 이야기할 때 저절로 화제에 올릴 수 있을 테니 걱정 말고요."

　나는 얼굴을 붉히고 감사의 말을 전했다. 당시 내가 쏟아낸 말은 날뛰는 망아지처럼 정신이 없었다. 누군가에게 내 이야기를 설득력 있게 들려주려면 신뢰감 있게, 또렷하게, 무엇보다 초점을 잃지 않고 말해야 했다. 몇 주 뒤 점심을 같이 한 대학 친구 캐서린이 예상치 못한 구명줄을 던져 주었다. 워싱턴 법조계에서 일하는 대학 동기 마크 블라식을 만났는데 온갖 투잡을 하고 있다는 것이었다. 영감이 필요하다면 블라식의 웹사이트에 올라온 자기 소개를 읽어 보라고 했다.

캐서린의 말은 옳았다. 블라식은 법조계 일 외에도 백악관의 자문을 맡았고, 헤이그에서 전범을 기소했으며, 지상파 방송의 전문가 패널로 출연하고 있었다. 그의 자기 소개글을 읽는 사이 두 가지 생각이 머리를 스쳤다. 첫째는 내일 아침부터 일찍 일어나서 하루를 좀 더 의미 있게 활용해야겠다는 것이었다. 블라식은 갖가지 일을 하는 능력에 관한 한 패트릭 리넨뱅크를 뺨칠 정도였다. 둘째는 포괄적인 자기 소개는 고사하고 애초에 자기 소개 자체를 쓰지 않는 사람도 많을지언정 블라식의 자기 소개글은 이력서에 비해 훨씬 더 효과적이라는 사실을 깨달았다. 세 가지 목표를 이뤘기 때문이다. 첫째, 그는 자신이 겪은 모든 경험을 포괄적으로 요약해서 읽는 이가 그의 궁극적 목표를 지지하고 또 이해하기 쉽도록 틀을 짜서 정리했다. 둘째, 그 글을 읽자마자 그를 신뢰할 수 있었다. 셋째, 블라식은 장점과 전문 분야를 정확히 나열했기 때문에 같은 분야에서 활동하는 사람이라면 그와 함께 일할 여러 가지 방법을 떠올릴 수 있었다.

내 이야기를 내 방식대로 풀어놓자

이력서에만 의존하다가는 자신만의 스토리를 만드는 기회를 놓친다. 이력서는 직장, 능력, 학력 등을 나열해 둔 목록에 지나지 않는다. 맥락도, 관점도, 읽는 이가 이해하기 쉽도록 자신의 모든 경험을 한데 엮는 스토리도 없다. 이력서로는 이사를 많이 다녔다거나 실직했다거나 새로운 업계로 옮겨 갔을 경우, 자신이 취한 행동의 이유나 장점을 설명할 방법이 없다. 읽는 이가 알아서 해석해야 하는 것이다. 그러나 자기 소개는 자신이 직접 만든 틀에 자기 삶의 스토리를 담아낼 수 있다. 어떤 메시지를 전할지 직접 정하는 터, 가장 중요하다고 생각되는 부분을 강조할 수 있는 것이다.

처음부터 신뢰감을 심어 주자

낯선 사람을 만날 때는 처음부터 신뢰감을 심어 줄 효과적인 방법이 필요하다. 진지한 반응을 이끌어 내고 쌍방의 시간을 최대한 능률적으로 활용해야 하는 것이다. 하지만 직장을 알아보는 게 아니라면 이력서를 보낼 수는 없다. 이력서를 보내지 않고도 상대에게 제공할 만한 뭔가를 갖고 있다는 사실을 분명히 전하는 다른 방법이 필요하다. 남들과 차별화되는 점이나 돋보이는 분야, 역량과 경험에 관해 소상히 설명하는 데 드는 귀중한 시간을 아껴야 하는 것이다. 자기 소개를 준비해 두면 어색해하거나 남들 앞에 나서는 부끄러움을 무릅쓰지 않고도 이메일이나 링크트인 등의 온라인 포스팅을 통해 과거 경력과 지금까지 이룬 성과를 설명할 수 있다. 자기 소개글이 대신 말해 줄 것이다.

경험과 지적 자본을 파악하자

자기 소개를 준비하면 무엇보다도 자기 자신에게 큰 도움이 된다. 남들에게 자신의 장점을 설명하는 것도 중요하지만 자기 자신을 위해서도 인생 이야기를 제대로 정리해 둘 필요가 있다. 한발 물러서면 과거를 돌아보고 과거의 경험이 앞으로 살아갈 미래에 어떤 의미를 지니는지 파악할 수 있다. 지적 자본을 가진 주제와 분야를 정리해 두면 10퍼센트 사업에 지적 자본을 활용해야 할 때 도움이 될 것이다. 또한 일을 끝내고 나면 뿌듯한 느낌도 들 것이다.

가끔 한번씩 걸음을 멈추고, 자신의 노력과 재능이 담긴 독창적인 무언가를 만들어 왔다는 사실을 떠올려 보는 것이 좋다. 지금까지 기울인 노력을 과소평가하지 말자. 사실 자기 소개를 쓰기 시작했을 때 떠올린 것보다 훨씬 많은 일을 해 왔을 것이다.

> » 10퍼센트 사업 계획 4단계: 자기 소개글 작성—지적 자본 관리
>
> 이력서를 길잡이 삼아 아래 요소의 목록을 작성하자(최근에 이력서를 업데이트한 적이 없다면 그 일부터 처리하자).
>
> - 학력
> - 직장과 직무
> - 핵심 역량
> - 성과와 수상 경력
> - 주요 고객과 인맥
> - 리더십과 경영 경험
> - 코스, 훈련, 자격증
> - 사회 봉사 경험
> - 취미 활동
> - 출간 혹은 연구 프로젝트

- 소속된 업무 관련 조직

업무 성과와 경력을 모두 적어 두었다면 네 분야로 나눠서 정리하자.

- 업무 경력
- 역량, 자격, 수상 경력
- 학력
- 관심사와 경험

위의 네 분야에 관한 내용을 담은 통합 자기 소개 초안을 작성하자. 커리어와 장점이 드러나는 성과를 뚜렷이 선보일 수 있을 때까지 다듬고 편집하자. 믿음직한 사람들에게 보여 주고 조언을 구하자. 어떤 주제가 돋보이는가? 어떤 장점이 보이는가? 상대가 회사를 창업하면서 인재를 구한다면 나를 영입하고픈 생각이 드는가?

주변의 조언을 바탕으로 상대에게 전하고픈 메시지를 성공리에 전달할 때까지 자기 소개를 다듬자. 다 작성했다면 이번엔 좀 더 짧고 초점을 좁힌 버전을 준비하자. 이제 완성된 자기 소개를 바탕으로 잘하는 일의 목록을 작성하자. 남에게 제공할 수 있는 구체적인 역량과 성과를 내고 있는 분야를 적는다. 책 말미의 부록에 있는 샘플 자기 소개를 참조하기 바란다.

나는 시간을 들여 과거를 찬찬히 돌아본 뒤 자기 소개 두 개를 준비했다. 첫 번째는 길고 장황하며 친구들이 보면 눈알을 굴릴 만한 것이었다. 이 버전은 내가 10퍼센트 사업에 투자할 수 있는 모든 역량과 인맥을 망라하는 통합 목록으로 따로 보관해 두었다. 이런 자기 소개를 만들어 두면 어떻게 해야 좋을지 모를 때 다시 훑어보며 길잡이로 활용할 수 있다. 두 번째는 좀 더 함축된 자기 소개를 작성했다. 나를 도와줄 수 있는 사람에게 보여 줄 이력서와 마찬가지인 자기 소개로, 벤처 사업이나 파트너를 찾을 때 단시간 내에 신뢰도를 쌓을 수 있도록 만든 버전이다. 이 버전은 링크트인 프로필에도 올려 두었다. 링크트인을 매일 활용하는 사람으로서 짐작컨대 사람들은 나를 직접 만나거나 전화를 걸기 전에 링크트인에서 내 정보를 찾아볼 거라 생각했기 때문이다.

가장 큰 자원은 '당신 자신'이다

제6장에서는 두 가지 단계를 밟았다. '기회비용 제로' 단계는 지평을 넓히는 것이 목적이었다. '자기 소개글 작성'은 자신이 선보일 수 있는 역량을 겉으로 표현하고 맥락을 만들어 나가는 것이 목표였다. 두 단계를 잘 수행했다면 아래의 두 가지 질문에 답할 수 있을 것이다.

- 나는 무엇을 하고 싶은가?
- 나는 무엇을 잘하는가?

이들 질문에 대한 답의 접점이야말로 자신에게 가장 잘 맞는 지점이다. 보편적으로 볼 때 이 지점은 지적 자본을 가장 효과적으로 활용하는 사업을 추구함으로써 자신의 관심사를 만족시키는 동시에 강점을 활용하는 장이다. 또한 지적 자본을 고려해서 잠재적 사업 기회의 타당성 여부를 판단할 때 걸러내는 필터 역할도 해 준다. 앞으로 새로운 사업 기회를 맞닥뜨릴 때마다 초점을 잃지 않고 자문할 수 있을 것이다. 이 사업이 내 장점과 맞아떨어지는가?

지적 자본을 활용하는 사업 분야

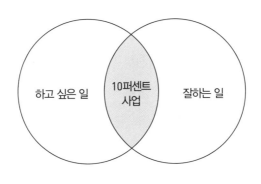

로베르토 리츠의 사례를 보자. 리츠는 난관 앞에서 움츠러드는 사람이 아니었지만, 본업을 유지하면서 사업하는 방법을 알아내기까지는 얼마간 시간이 걸렸다. 100여 개국이 넘는 나라를 여행하고 한때 브라질 상파울루의 보디보딩 챔피언이기도 했던 리츠는 스릴을 추구하지만 전업 사업가가 되고 싶은 생각은 없었다. 안정되고 예측 가능한 길을 걷고 싶었던 리츠는 대기업의 재정 및 마케팅 부서에서 일하다 브라질을 비롯한 남미 최대의 통신 회사인 오이Oi에 안착했다. 사내에서 생겨난 모바일 결제 업체 오이 파고Oi Paggo의 총괄관리자로 업계의 리더 역할을 하는 기업의 품 안에서 스타트업을 운영하게 된 것이다. 그 경험은 삶을 바꿔 놓았고, 리츠는 덕분에 완전히 새로운 지적 자본을 손에 넣을 수 있었다.

디딤돌을 찾기까지 시간이 좀 걸렸지만 천생 10퍼센트 사업가인 리츠는 그렇게 사업이 주는 흥분감에 눈떴다. 그는 창업자형으로서 몇 가지 아이디어를 탐색해 보았지만 진짜 가슴 뛰는 아이디어를 찾을 수 없었다. 또한 초창기에는 회사를 운영하느라 전 세계를 누비고 다닐 수 없다는 것도 싫었다. 대신 엔젤형 사업가로서 자신의 장점이나 열정과 관련 있는 여러 기업에 분산 투자를 하기로 마음먹었다. 그는 디자인 마니아였으므로 현지 생산자와 손잡고 브라질에 저렴한 명품 가구를 들여오는 소매상에 자금을 투자했다. 엔젤형 투자자인 리츠는 신생 결제 업체를 만들면서 배운 교훈과 더불어 재정과 전략에 관한 지식도 활용하는 한편 투자하는 회사의 경영진에게 멘토 역할을 하고 있다. 또한 오이와 현 회사에서 쌓은 지적 자본과 직접 연관된 통신 업체에도 투자한다. 업계의 동향을 직감으로 파악할뿐더러 회사의 역동적인 성장에 직접 기여할 수 있기 때문이다.

이번 장에서 밟은 단계로 돌아가 보자. '기회비용 제로' 단계에서 느낀 기분을 잘 숙고하고 자기 소개를 다시 읽어 보자. 그렇게 하면서 강점을 활용할 만한 분야를 찾아보자. 자신이 잘하는 일은 자신이 좋아하는 일을 할 수 있도록 도와주는 열쇠가 될 것이다. 하고 싶은 일과 잘하는 일의 접점에 있는 자신을 발견하는 것은 불가능한 일이 아니다. 그거야말로 긴밀히 통합된 전략을 짜는 방법이다. 지금까지 책에 등장했고 앞으로 나올 사람들 또한 자신의 강점에 맞는 기회를 찾아냈다. 디팔리 파트와는 홈패션 분야에서 쌓은 경험을 살려 인도식 디자인을 향한 열정을 키워 나갔다. 리즈는 평상시 흥미를 느낀 디자인 위주 스타트업이 겪는 문제에 운영 분야에서 쌓아 온 풍부한 경험을 적용했다. 내가 소개한 사람들이 쌓아 온 '10퍼센트'는 다시 관심사, 개인 스토리, 역량으로 이어져서 10퍼센트 사업을 시작하기 전의 모습을 상상하기가 어려울 정도다. 루크 랍스터의 루크 홀든 같은 사람을 만나면 이 사람은 그 회사를 세우기 위해 태어난 게 아닐까 생각한다. 루크 랍스터는 인간 홀든이 지닌 면면을 확장해 나간 것이기 때문이다.

자신의 강점을 활용하면 자신의 역량을 넘어서는 영향력을 발휘할 수 있다. 자신의 재능을 활용해서 자신이 중시하는 폭넓은 목표를 이룰 수 있는 것이다. 여기에서 아누 두갈을 소개한다. 벤처 캐피털의 임원급 여성은 전체의 15퍼센트밖에 되지 않기 때문에 여성 사업가는 자본금을 모으는 데 어려움을 겪곤 한다.[3] 아누 두갈은 여성 사업가라는 이유로 아주 멋진 아이디어가 그대로 묻히는 상황을 자주 보았으므로 여성 사업가를 후원하기 위해 여성 창업자 펀드, 즉 에프 큐브드F Cubed를 세웠다. 사실 여성이 이끄는 스타트업을 후원하는 것은 좋은 사업 기회이기도 하다. 업계의 사람들이 간과한 회사에 투자함으로써 더욱 높은 수익을 얻을 수 있기 때문이다. 에프 큐브드를 운영하는 것은 두갈의 본업이지만 투자자는 길트Gilt, 페이스북, 구글, 넷플릭스 등의 최고경영자나 창업자를 포함한 여러 10퍼센트 사업가와 110퍼센트 사업가를 망라한다. 그들은 여성 사업가를 후원하는 데 열심이며, 동시에 똑똑한 투자 결정을 내린다. 사실 앞서 만나 본 10퍼센트 사업가 중 두 명은 에프 큐브드의 회원이기도 하다. 베스 페레이라는 에프 큐브드의 투자위원회 위원이며, 파라 칸은 두갈과 더불어 가장 유망한 기업에 투자하고 있다.

세상을 위해 좋은 일을 한다 해서 돈을 벌지 말란 법은 없다. 에프 큐브드로 얽힌 사람들은 여성 기업인이 이끄는 유망한 기업에 투자하며 일석이조를 노린다. 물론 리스크가 더 크거나 여타 사업 기회에 비해 수익이 낮은 것은 아니다. 이와 마찬가지로 루크 랍스터의 홀든처럼 고향에 '10퍼센트'를 투자할 수도 있다. 마살라 베이비처럼 사회 의식을 기업 정체성에 녹여 넣은 책임감 있는 벤처 기업을 만들 수도 있다. 이들 10퍼센트 사업가는 누구나 회사가 돈을 버는 전략과 목표를 좇는 동시에 회사를 세상을 발전시키는 기제로 활용한다.

아직은 자신의 강점과 완전히 맞아떨어지지 않는 기회를 찾기로 결심할 수도 있다. 지적 자본과 관심사의 접점을 벗어난 곳에 유망한 아이디어가 있을 수도 있다. 어쨌든 10퍼센트 사업은 안정된 위치에서 시작하는 것이므로 얼마만큼은 리스크를 계산하고 또 감수하도록 되어 있다. '10퍼센트'란 원래 실천하면서 배워 나갈 수 있도록 소규모에서 시작하기 마련이다. 자신감이 쌓이고 해당 분야의 지적 자본이 늘어났을 때 투자 규모를 늘려 나가면 된다. 10퍼센트 선 안에서 실험할 경우 자신의 전문 분야를 벗어나 활동할 때 일어나기 쉬운 실수를 피하는 방법이 있다. 가장 간단한 방법은 해당 분야에 지적 자본을 가진 사람과 손잡는 것이다. 서로 가르치고 배우며 성공 확률을 높여 나갈 뿐 아니라 다음에는 좀 더 독립적으로 활동할 수 있다.

재정 계획을 잘 짜는데 식당과 더불어 일하고 싶다면 셰프의 새 레스토랑 사업계획서 작성을 돕는 등 재정과 요리의 접점에 있는 사업을 찾아볼 수도 있다. 마음의 준비가 되었다면 '라 사쿠테리아'의 댄 거트사코프 같은 사람에게 연락해서 뭔가 도와줄 일이 없겠냐고 물어봐도 된다. 소셜미디어 마케팅 경험이 있는데 여행 분야의 스타트업을 배우고 싶을 때는 블루스마트에서 비전을 현실화하기 위해 노력하며 같은 목표 아래 일할 사람을 찾는 디에고 사에즈길이나 토미 피에루치 같은 사람에게 가면 된다.

나는 마이애미에서 부동산 투자자로 일하는 친구 제이슨 덕분에 상업용 부동산 분야에 발을 디뎠다. 몇 년 전 예전에 몸담았던 회사가 마이애미에 창고를 내기 위해 투자자를 찾는다는 이야기를 전해 들었다. 나는 그 회사와 건물에 관해 잘 알고, 비록 부동산에 관해서는 아는 게 없지만 누구에게 연락하면 좋을지는 알고 있었다. 제이슨은 그 건물에서 30킬로미터도 떨어지지 않은 곳에 살았고 노련한 투자자였으며 내가 가족만큼 신뢰하는 인물이었다. 그때 우리의 지적 자본은 매우 상호 보완적이었다. 나는 회사와 오너가 믿을 만하다는 것을 보증했고 부동산에 밝은 제이슨은 계약을 진행했다. 우리는 함께 손잡고 멋진 투자를 성공시켰다. 그 일을 계기로 부동산에 대해 조금 알게 되면서 제이슨이 진행한 계약에 두 번 더 투자하기도 했다.

자신의 지적 자본을 보완해 주는 지적 자본을 지닌 사람과 함께 일하고 파트너십을 맺으면 그에 기대어 자신의 범주를 확장할 수 있다. 또한 자신의 역량을 이용하여 남들이 새로운 분야로 활동을 확장해 나가게끔 도와줌으로써 보답할 수도 있다. 그거야말로 팀이 누릴 수 있는 장점이다. 자신이 아무리 일을 잘하고 경험이 풍부하더라도 적절한 파트너와 손잡는다면 예전과는 비교도 되지 않는 성과를 만들어 낼 수 있다. 나중에 실감하겠지만 모든 것을 다 아는 사람은 없으며, 당신은 자신의 지적 자본과 인적 자본을 이용해서 과제를 해결하고 답을 찾아 나갈 것이다. 그러나 인맥을 활용하기 전에 우선 기회를 찾고, 분석하고, 투자하는 과정을 밟아야 한다. 제7장에서는 최초의 사업 기회를 찾는 데서부터 장단점을 분석하고 각 벤처 기업에 얼마나 투자할지 구조를 짜는 데 이르기까지, 10퍼센트 사업가로서 일을 해 나가는 방법에 대해 본격적으로 알아보자.

제7장

혁신적인 아이디어가
없어도 괜찮은 이유

자신이 지닌 자산을 모두 파악했다면 10퍼센트 사업 계획의 다음 단계로 넘어가야 한다. '사업 절차'는 10퍼센트 프로젝트에 포함할 사업 기회를 찾아내고 분석, 평가하는 각 단계에서 길잡이가 되어 줄 것이다. 프로젝트를 해 나가다 보면 의문이 생기거나, 회의가 들거나, 제대로 나아가는지 나침반을 확인해야 하는 경우가 있다. 그럴 때 사업 절차는 적절한 질문을 던지고, 답을 구하고, 사실과 정보에 바탕을 두고 결정을 내리게끔 도와줄 것이다. 일단 절차를 밟는 데 익숙해지면 다음 사업에 착수할 때도 같은 절차를 반복해서 적용하기 때문에 에너지를 크게 절약할 수 있다. 사업 절차를 여러 번 밟다 보면 자신의 판단력을 믿고 효율적으로 일하며 자신이 지닌 자원을 통해 최대한의 이득을 끌어낼 수 있는 사업에 참여하게 된다.

그뿐 아니라 현장에서 많은 시간을 보내고 직접 일에 착수하며 벤처 캐피털리스트처럼 전략적으로 사고할 수 있게 된다. 이 부분은 사업에서 가장 재미있을 뿐 아니라 때로는 가장 예측하기 어려운 부분이다. 10퍼센트 사업을 통해 삶이 어떻게 펼쳐지고 어떤 위치에 가 닿을 것인가는 그 누구도 알 수 없다.

나 또한 마찬가지였다. 몇 년 전 '10퍼센트'의 손에 이끌려 플로리다 주 올랜도로 날아가 유튜브 스타가 모이는 행사인 플레이리스트 라이브Playlist Live에 참석했다. 행사장은 마치 인터넷 서핑을 현실에 옮겨 놓은 듯한 모습이었다. 유튜브에 오르내리는 유명인이 사인을 해 주고 티셔츠를 팔고 팬들과 어울렸다. 10대 초반 아이들과 컴퓨터 마니아 등으로 이루어진 팬들은 한껏 들뜬 모습이었다. '좋아요'만 누르고 끝나는 게 아니라 직접 스타를 둘러싸며 환호할 수 있었기 때문이다. 나도 분위기에 휩쓸렸는지 초창기 유튜브 스타로 꼽히는 인터넷 가수 테이 존데이를 만나자 가슴이 두근거렸다. 존데이의 뮤직 비디오《초콜릿 레인》Chocolate rain은 1억 뷰를 기록하기도 했다. 가장 최근의 뷰 20건을 추적해 본다면 분명 내 IP 주소가 뜰 것이다.

내가 올랜도로 향한 것은 회사를 막 창업한 예전 직장 동료 마셀로 캠베로스가 초청해 준 덕분이었다. 유튜브 스타를 이용한 캠베로스의 소비자 브랜드 리얼 인플루언스Real Influence에 투자하기로 했던 것이다. 때는 유튜브 스타의 암흑기, 2011년이었다. 사업은 아직 초기 단계였으며 캠베로스는 선구자 스타일이었다. 사업을 키우는 데 도움이 필요했던 캠베로스는 회사의 지분과 내가 올리는 판매량에 대해 수수료를 지급하는 대가로 고문이 되어 달라고 부탁했다. 그때까지 창업 초기 단계의 벤처 기업에 참여한 적이 없었기 때문에 최소한 뭔가 배우는 게 있을 테고, 친구와 어울리며 재미있는 시간을 보낼 거라는 생각에 흔쾌히 승낙했다.

캠베로스는 그렇게 내 인생 최초의 투잡을 제안함으로써 나를 자타가 공인하는 10퍼센트 사업가로 거듭나게 해 주었다. 덕분에 나는 온갖 경험을 할 수 있었다. 코미디 웹사이트 '웃기느냐 죽느냐'_{Funny or Die}에서 근무했던 그는 동영상에 관한 한 전문가였다. 덕분에 새로운 마케팅 경로를 잠재 고객층에게 홍보하는 방법을 배울 수 있었다. 나는 평생 뭔가를 팔아 본 경험이 전무했지만 어느샌가 디아지오_{Diageo}와 에스티 로더_{Estee Lauder} 등 대기업을 상대로 미팅하고 있었다. 상대방에게 거절당하면 겸허해지고 무시당하면 화도 났지만, 마침내 어느 정도 판매 계약을 체결하는 데 성공했다. 하지만 캠베로스의 아이디어는 시대를 지나치게 앞서갔고, 결국 그는 신예 유튜브 슈퍼스타와 손잡고 시작한 다른 벤처 사업에 집중하기로 결정했다. 나는 고문으로서 받은 지분을 회사에 되팔았다. 노력을 기울인 덕분에 자산이 조금 불어났으며 진정한 사업가답게 사고하면서 자신감이 붙었다. 그리고 나도 모르는 사이에 이후 성공하는 10퍼센트 사업가로 자라날 씨앗을 심었다.

6개월 뒤 캠베로스가 전화를 걸어 새 회사 잎시_{ipsy}에 투자하지 않겠느냐고 묻는 순간 확 구미가 당겼다. 뷰티 업계 최고의 유튜브 스타인 미셸 판과 손잡고 화장품 정기 배송 판매업을 시작할 생각이라고 했다. 불현듯 내가 잎시의 성공 여부를 판단하기에 좋은 위치에 서 있다는 사실을 깨달았다. 리얼 인플루언스에서 보낸 시간 덕분에 유튜브가 지닌 엄청난 상업 잠재력, 특히 유명 유튜브 스타의 잠재력을 익히 알고 있었다. 게다가 캠베로스라면 사업 아이디어를 현실로 옮길 수 있으리라 확신했다. 《Inc.》지가 진행한 설문 조사에서 '이전에 하던 일에서 사업 아이디어를 찾아냈다'고 응답한 71퍼센트의 사업가와 같은 입장에 선 것이다.

그뿐만이 아니었다. 알고 보니 잎시의 투자자 중에는 지인인 니어 리버보임도 있었다. 리얼 인플루언스의 고문으로 활동할 때 예전 동기였던 리버보임에게 캠베로스를 소개한 적이 있었다. 화장품 업계에서 잔뼈가 굵은 리버보임에게 뭔가 배울 점이 있다고 생각했기 때문이다. 잎시는 뷰티 사업이었으므로 캠베로스는 창업할 때부터 리버보임에게 지원을 부탁했다. 나는 리버보임의 판단력을 신뢰했다. 특히 소비재 산업에 관한 리버보임의 감각은 탁월했으므로 그가 투자하기로 결정했다는 사실은 믿음직한 보증서나 다름없었다.

흥분으로 가슴이 뛰었지만 그때까지 투자한 다른 기업을 분석할 때와 다름없이 잎시를 분석했다. 경영진, 제품, 투자자, 내가 회사의 성공에 기여할 수 있는가 등의 요소에 대해 확신할 때까지 냉철하게 사고하고 꼼꼼히 조사했다. 자문해 봐야 하는 문제를 모두 숙고했다는 확신이 섰을 때, 계약서에 서명하고 돈을 보냈다. 그 뒷이야기는 다들 알고 있을 것이다. 수백만 달러의 자본금을 투자한 지 3년 만에 잎시는 3,000퍼센트 가까이 성장했고 이용자는 100만 명으로 불어났으며 연 매출은 1억 5,000만 달러에 이르렀다. 고속 성장을 발판 삼아 실리콘 밸리의 투자자들에게서 1억 달러의 추가 자본을 유치하기도 했다. 잎시는 가장 신바람 나는 투자였으며, 혁신적인 업계에서 존경하는 이들과 더불어 일하는 즐거움을 만들어 주었다. 더욱이 잎시의 성공은 리얼 인플루언스에 참여한 시간이 헛되지 않게 해 주었다. 회사가 급성장한 덕분에 내 지분의 가치도 극적으로 뛰어올랐으므로 결국 플레이리스트 라이브에 참석한 주말이 내게 큰 선물을 안겨 준 셈이었다.

사업 기회는 만드는 것이 아니라 고르는 것

이제 자신의 장점을 활용할 만한 사업 분야가 어디인지 판단할 수 있을 테니 본격적으로 사업 기회를 찾아볼 차례다. 이 시점에서 머릿속에 떠오르는 의문이 있을 것이다. '어떻게 하면 나와 연관성 있는 사업 기회를 찾아낼까?' 물론 이미 생각해 둔 사업 아이디어가 있을 수도 있다. 하지만 자신의 아이디어가 과연 타당한지 어떻게 확신할 수 있을까?

이 시점에서 필요한 것이 사업 절차다. 사업 절차를 밟으면 명확하게 사고할뿐더러 무작정 남을 따라 하거나 자신에게 잘 맞지 않는 결정을 내리고픈 유혹을 피할 수 있다. 사업을 하다 보면 여러 사람에게 의지하게 되지만, 궁극적인 결정은 어디까지나 자신에게 달려 있다. 책임은 자신이 지는 것이다.

10여 년 전 세렝게티에서 누 떼가 이동하는 모습을 볼 기회가 있었다. 누의 이동은 무턱대고 남을 따르는 현상의 문제에 관한 교훈을 담고 있다. 수만 마리의 누가 꼬리에 꼬리를 물고 평원을 건넌다. 앞서 가는 누의 꼬리와 뒤따르는 누의 뿔이 맞닿을 정도로 서로 가까이 붙어 있다. 가끔 멈춰 설 때면 한곳에 단단히 무리 지어 뭉친다. 누 무리가 목적지를 향해 가는 모습에서 끝없는 퍼레이드처럼 보이는 행동 뒤에 숨은 깊은 의미를 알아채게 된다. 바로 집단 지성에 바탕을 둔 생존 전략이다. 이렇게 움직이면 포식자가 한 번에 사냥하는 누의 수에 한계가 있으므로 사자나 악어를 만나더라도 집단 대부분은 앞으로 나아갈 수 있다.

그러나 누처럼 행동하지는 말자. 집단 속에 숨는다 해서 부적절한 투자 또는 사업을 피할 수 있는 것은 아니다. 단지 다른 많은 투자자와 함께 돈을 잃을 뿐이다. 10퍼센트 사업가라면 흐름에 따라 움직이거나 겉만 보고 상황을 덥석 받아들이지 말아야 한다. 물론 사업을 하다 보면 자연스레 남들과 함께 일하게 된다. 하지만 초보 투자자든 노련한 투자자든 남의 리드를 마냥 따르고픈 유혹에 빠지지 않도록 주의해야 한다. 소위 '경험 많은' 투자자가 자신의 투자 철학을 이렇게 표현하는 경우를 많이 봐 왔다. "(유명한 벤처 캐피털의 이름을 대며) 그 회사에서 투자한다잖아." 그런 전략은 바람직하지 않다. 남의 숙제를 베끼는 것과 다를 게 없다. 아무것도 배울 수 없을 뿐 아니라 상대가 쓴 답이 애초에 맞는지도 알 수 없다. 요령 있고 노련한 투자자가 되는 가장 확실한 방법은 직접 해 보고 배우는 것이다. '직접 해 보는 부분'을 건너뛴 채 남의 행동만 보고 결정을 내린다면 결국 실수를 반복하고 만다. 사람들이 친구 따라 강남 가는 식의 투자 전략을 옹호할 때마다 묻고 싶어진다. "(유명한 벤처 캐피털의 이름을 대며) 그 회사 사람들이 다리에서 뛰어내리면 같이 뛰어내릴 거야?"

벤처 캐피털리스트 중에도 누처럼 행동하는 경우가 있지 않은가라는 의문이 들 수 있다. 물론 일부 벤처 캐피털리스트는 단순히 흐름을 좇거나 남들을 따르기도 한다. 하지만 이들과 당신 사이에는 큰 차이가 존재한다. 이들은 남의 돈으로 투자하지만 당신은 금쪽같은 당신 돈을 투자한다. 시간 자본이든 금전 자본이든 양쪽 모두든 당신 자산을 투자하는 것이다. 일을 쉽게 처리하려고 올바른 절차를 생략한 채 남을 따라가면 결국 다리에서 뛰어내리는 건 당신이 될 수도 있다.

사업을 시작하면 눈앞에 나타나는 여러 가지 사업 기회를 분석할 것이다. 기존의 커리어에 사업을 끼워 넣을 때 가장 중요한 것은 단순히 리스크와 보상의 균형을 맞추는 게 아니라 지금까지와 전혀 다른 사고방식을 도입하는 것이다. 즉 '고용인'의 마인드에서 벗어나야 한다. 사업을 시작하면 어떤 사업 기회에 투자하고 어떤 기회를 제외시킬지 자신이 직접 결정할 수 있다. 게다가 보상을 희석하는 회사의 정책을 비롯해 여러 가지 요소가 개입되지 않으므로 자신이 기울인 노력과 잠재 수익 또한 전과 달리 직접 연결된다. 눈앞의 사업 기회가 자신을 어떤 길로 이끌지 알 수도 없다. 오늘의 리얼 인플루언스가 내일의 잎시로 이어질 수도 있는 것이다.

10퍼센트 사업 절차

어쩌면 투자를 시작한다는 생각만으로도 오금이 저려 올 수 있다. 적어도 나는 그랬다. 스스로 모든 선택을 할 수 있다는 '자율성'은 듣기에나 달콤할 뿐 막상 자율적으로 행동하기란 쉽지 않다. 선택지가 있는 건 좋지만 그와 함께 책임도 따른다. 선택 능력이 주어지면 선택을 내려야 한다. 좋지 못한 선택을 하거나 무엇을 선택해야 할지 모른다고 남들 뒤에 숨을 수는 없다. 물론 자유는 장점도 많지만 마음의 부담을 느낄 수도 있다. 노력과 영향력을 바탕으로 직접 보상을 일궈 낸다는 것은 논리적일 뿐 아니라 재미있어 보이지만 그와 동시에 안정감이 떨어진다. 성과에 상관없이 무리 옆에 붙어서 매달 정해진 날 월급을 받을 수는 없으니까 말이다.

소위 사업 절차에 대해 알아 두면 노련하고 까다로운 벤처 캐피털리스트가 투자하는 것과 같은 과정을 밟을 수 있다. 벤처 캐피털리스트처럼 사고하면 시간이 절약된다. 객관적으로 분석하고, 패턴을 읽어

내고, 일하는 동시에 교훈을 얻을 수 있기 때문이다. 또한 분위기나 감정에 휩쓸리지 않고 지적 자본과 사실을 바탕으로 결정을 내리다 보면 자신감도 늘어난다. 투자를 결정할 때도 조사를 충분히 했다고 자부할 수 있다. 지금부터 설명하는 5단계 사업 절차는 아주 중요하므로 남에게 맡기지 않고 직접 시행해야 한다는 사실을 명심하자.

10퍼센트 사업 절차

조달	심사	실사	최종 결정	문서화
사업 기회를 찾는다.	사업 기회가 10퍼센트 계획과 맞는지 분석한다.	사업 기회의 타당성을 분석한다.	투자 여부를 결정한다.	투자 결정을 공식화한다.

첫 단계는 조달이다. 우선 '10퍼센트'에 넣을 유망한 사업 기회를 잇달아 얻을 수 있는 경로를 만들어야 한다. 경로를 만들었다면 10퍼센트 사업 계획에 맞지 않는 벤처 기업을 걸러내는 과정을 거친다. 그런 다음 사업 기회가 타당한지 판단하기 위해 실사를 시행한다. 실사를 통해 알아낸 정보를 바탕으로 투자할 것인지 최종 결정을 한다. 끝으로 적절한 법적 서류를 작성해서 투자 사실을 공식화한다.

1. 조달: 사업 기회 찾기

지금까지 책의 내용을 충실히 따랐다면 자신이 투자할 수 있는 자산이 무엇인지 잘 파악해 두었을 것이다. 또한 어떤 종류의 10퍼센트 사업을 좇아야 할지 조금은 감도 잡았을 것이다. 이제 무얼 해야 할까? 뭔가를 새로 시작할 때 찾아오는 흥분감이 사라지고 나면 진짜 사업을 시작하는 방법을 생각해 내야 한다. 첫 투자를 하거나, 첫 파트너를 만나거나, 전업으로 뛰어들어도 괜찮겠다는 확신이 드는 유망한 사업 아이디어를 떠올려야 하는 것이다. 분주하게 움직이는 동시에 초점을 잃지 않아야 하므로 빨리 뭔가 해야 한다는 압박감은 오히려 동기를 부여해 줄 수도 있다. 하지만 열정과 인내의 균형을 잘 잡아야 한다. 곧장 열매가 열리길 기대하며 씨앗을 심는 게 아니라 앞으로 수십 년간 수확할 밭을 만들어야 하기 때문이다.

110퍼센트 사업가 마이클 메이스는 첫 사업 기회를 찾는 상황에 대해 부동산 업계의 용어를 빌려 설명했다. 소위 지주 세입자anchor tenant가 필요하다는 것이다. 오피스 빌딩이라든가 쇼핑몰 등 부동산 개발을 한다고 치자. 최초의 세입자(지주 세입자)가 건물에 입주하면 본격적으로 사업을 개시할 수 있을 뿐 아니라 압박감도 누그러진다. 월세를 내는 세입자와 계약을 체결한 만큼 밤잠을 못 이루며 걱정할 필요도 없다. 지주 세입자는 시장에 긍정의 메시지를 전하며 추후의 분위기에 많은 영향을 준다. 후광 효과를 내고 내가 사업을 시작했다는 사실을 주변에 알리며 다른 세입자를 유치하는 데도 도움이 된다. 지주 세입자를 제대로 고르면 나머지 일은 자연스럽게 풀려 나간다.

'10퍼센트'의 경우 사업을 시작하게끔 해 주는 기회나 인물이 지주세입자 역할을 한다. 나의 경우 마셀로 캠베로스와 손잡고 리얼 인플루언스를 시작한 일은 첫 지주 세입자를 얻은 것과 같았다. 캠베로스는 예전에 일할 때부터 알고 지낸 사이였으므로 새로운 사업 기회가 필요할 때면 그에게 연락했다. 나는 그를 신뢰했고 리얼 인플루언스에 참여하는 것을 모험과 배움의 기회로 여겼다. 리스크도 거의 없었다 (잃을 것은 내 프라이드뿐이었다). 나는 성과를 올리기 위해 노력했으며 멋진 결과물을 내고 싶었다. 캠베로스를 존중하고 그가 성공하도록 돕고 싶었기 때문이다. 그렇게 지주 세입자를 얻고 난 뒤 10퍼센트 사업가가 되는 방법을 배웠다. 리얼 인플루언스를 위해 사업 경로를 만들고자 인맥을 활용했고, 향후 고객이 될 만한 사람들을 만나 회사를 홍보했으며, 해당 서비스에 관심이 있을 법한 지인에게 빠짐없이 연락했다. 무엇보다도 진짜 자문 역할을 맡고 보니 내 목과 링크트인 프로필에 '영업 중'이라는 표지판을 단 듯한 기분이 들었다.

첫 사업 기회를 찾고 나면 다른 기회가 잇달아 찾아온다. 제8장에서 보겠지만 사업 기회를 조달하는 것은 여러 면에서 인맥을 쌓는 활동이다. 사업 또는 투자 기회를 조달해 줄 경로를 쌓는 한편 계속 동향에 촉각을 곤두세우고 사람들을 만나야 한다. 그와 동시에 눈앞의 온갖 기회에 사업 절차를 적용하고 각 단계를 거칠 때마다 범위를 좁혀 최선의 후보자만 남겨야 한다. 이 시점에서는 주어진 사업 기회가 너무 많다며 고민하지 말자. 시간을 최대한 현명하게 활용할 수 있도록 사업 절차의 다음 단계에서 범위를 좁혀 나갈 테니까. 범위가 넓고 시장 상황이 좋을수록 특별한 사업 기회를 찾아낼 가능성이 올라간다. 하지만 너무 바쁜 나머지 몰려드는 사업 기회를 분석하고 제때 답신을 보낼 수 없을 지경이라면 잠시 속도를 늦추자. 답을 하지 않거나 믿을 수 없는 사람이라는 인상을 주어 자신에게 사업 기회를 물어다 줄 사람들과 소원해지는 것은 좋지 않다.

2. 심사: 사업 기회가 10퍼센트 사업 계획과 맞는지 분석하기

일단 한 가지 이상의 사업 기회를 손에 넣었다면 자신의 목표나 자원과 잘 맞는지 가늠해야 한다. 책 앞부분에서 소개한 작업을 바탕으로 10퍼센트 사업 계획을 통해 세운 기준과 사업 기회가 맞아떨어지는지 검토해 보자. 이 과정을 '심사'라고 한다. 심사는 몰려드는 사업 기회의 범위를 좁히는 첫 단계다. 심사할 때는 사업 기회가 시간 자본, 금전 자본, 지적 자본과 잘 맞아떨어지는지 생각해 봐야 한다. 아래 두 가지 문제를 자문해 보면 된다.

- 해당 사업을 '10퍼센트'에 짜 넣을 만한 자원이 있는가?
- 해당 사업을 '10퍼센트'에 포함하고 싶은가?

심사 단계의 목표는 철두철미할 만큼 객관적으로 사고하는 것이다. 벤처 캐피털리스트는 자신의 책상을 거쳐 가는 수많은 프로젝트 중 극히 일부에만 투자한다. 당신 또한 그만큼 까다롭게 재고 따져야 마땅하다. 자신의 기준에 맞지 않는 일에 시간을 낭비할 필요는 없다. 자산과 맞지 않거나, 파트너가 될 인물을 모르거나, 장점을 활용할 수 없다면 그 건은 자신과 맞지 않는다고 봐도 좋다. 이처럼 단순한 요건만 적용해도 사업 기회 중 절반 이상을 곧장 삭제할 수 있다. 심사 단계에 임할 때면 나는 10퍼센트 사업가라는 사실을 되새기곤 한다. 식당 운영을 어떻게 하는지 모르고, 어플 개발의 수익 구조에 문외한이더라도 지인들과 함께라면 투자하고 싶다는 생각이 들 수 있다. 사업 아이디어나 경영진이 무척 마음에 들 수도 있다. 그러나 해당 기업에서 당신의 장점을 활용할 수 없다면 시간을 다른 데 쓰는 것이 현명하다. 문제가 될 상황을 조기에 걸러내면 훨씬 상세한 검토를 거쳐야 하는 실사 단계에서 똑같은 문제에 부딪히지 않아도 된다.

절차 초기부터 범위를 좁혀 나가면 시간과 사고력을 투자할 가치가 있는 사업 기회에 빨리 집중할 수 있다. 사업 기회를 삭제할 때는 당사자에게 신속하게 답신을 보내야 한다. 감사의 뜻을 전하고 다른 사업가에게는 무척 흥미롭겠지만 당신의 역량이나 관심 분야와는 맞지 않는다고 설명하면 된다. "고맙습니다만 저는 괜찮습니다"라고 말한다 해서 탓할 사람은 없다. 그러나 답신을 제때 보내지 않아 상대의 시간을 낭비한다면 원망을 살 것이다. 한편 사업 기회를 걸러내는 과정에서 다양한 사업에 관해 알고 또 상대가 당신의 기준을 잘 파악하면 더 많은 사업 기회를 물어다 줄 새로운 사람들을 지속적으로 만날 수 있다. 그러므로 다양한 사업기획서를 대강 훑어보고 그중 대부분을 삭제해 나가는 와중에도 당신의 지평과 인맥은 자연스레 넓어질 것이다.

일단 행동을 개시하고 나면 심사 과정은 곧이곧대로 진행된다. 반복되는 패턴이 눈에 들어올 테고 '10퍼센트' 계획에 잘 맞는 사업 기회에 노력을 집중할 것이다. 앞서 소개한 마이클 메이스는 지주 세입자를 찾는 사업 초기라면 한 가지 원칙을 지켜야 한다고 주문한다. "너무 놀랍지 않은 사업 기회를 골라라." 메이스는 기존의 기술과 인맥을 활용해서 새로운 분야에 투자한 경험이 많다. 기업과 더불어 일하는가 하면 투잡으로 투자하고 자기 이름을 건 회사를 차리는 등 다양한 변화를 겪었다. 하지만 초보 사업가는 이미 안전지대를 벗어난 만큼 스스로 이해할 수 있고 전공 분야와 가까우며 삶의 다른 부분과 잘 통합되는 기업을 골라야 한다는 것이 메이스의 생각이다. 그렇게 해 두면 내가 무엇을 하는지 잘 알고, 지적 자본을 이용해서 사업을 성공으로 이끌며, 사업에 참여하는 과정을 즐길 수 있다. 짧게 말해 자신의 장점을 활용해야 한다는 것이다. 사업이라는 분야에서 자신이 서 있는 위치를 파악하고 나면 시각을 넓혀 주변 분야로 나아갈 수 있다.

나는 리얼 인플루언스를 지주 세입자로 둔 덕분에 잎시에 투자할 기회가 왔을 때 재빨리 자신 있게 행동을 취할 수 있었다. 캠베로스와 일해 본 적이 있었으므로 그가 수백만, 아니 수억 달러의 수익을 낼 잠재력을 지닌 신흥 산업의 최전방에 서 있음을 알았다. 또한 캠베로스가 사업에 전력을 다하는 스타일이며 큰 규모의 기업을 일구는 데 필요한 능력과 인맥이 있다는 것도 믿었다. 어느 모로 보나 내 강점이나 자산과 잘 맞는 기회였지만 그렇다고 기회를 덥석 물지는 않았다. 파트너가 될 사람이 어떤 인물인지, 업계의 상황이 어떤지 잘 알았지만 감정에 휩쓸리거나 그냥 감을 믿고 결정을 내릴 생각은 없었다.

3. 실사: 사업 기회의 타당성 분석하기

심사가 끝나면 본격적인 일이 시작된다. 실사를 시작하는 것이다. 실사는 사업을 하는 데 필요한 조사를 하는 과정이다. 숨은 정보를 모두 찾아보고 나중에 충격을 받을 만한 일이 없도록 조사해야 한다. 실사는 누 떼가 아니라 전문 벤처 캐피털리스트처럼 사고해서 사업 기회가 타당한지 분석하는 단계다.

프로젝트에 열정을 보이는 것은 바람직한 일이다. 열정도 없이 사업하는 것은 좋지 않다. 하지만 열정은 필요조건일 뿐 충분조건은 아니다. 10퍼센트에서 110퍼센트에 이르기까지 모든 사업가가 겪을 수 있는 최악의 사태는 사업 아이디어에 홀딱 반해서 이성이 마비되는 것이다. 아이디어에 홀딱 반해 버리면 까다로운 질문을 던지거나 냉철하게 사고하지 못할뿐더러 사업이나 경영진에 대해 확신이 서지 않을 때도 거절할 수가 없다. 10퍼센트 사업가로서 당신의 궁극적인 목표는 영리한 사업 결정을 내리는 것이다. 다행히도 실사의 핵심은 상식과 꼼꼼한 조사에 있으니 겁먹을 필요 없다. 기업, 경영진, 사업 기회를 둘러싼 모든 요소를 분석해 보자. 전체 이야기의 앞뒤가 들어맞는지 확인하고, 경영진이 까다로운 질문을 회피하지 않는지 살피고, 정보와 사실 관계를 통해 사업 기회를 실질적으로 검증해 보자.

나는 지금까지 스무 곳이 넘는 기업에 투자했고 수백여 개에 이르는 기업을 분석했다. 실리콘밸리의 스타트업부터 미국, 남미, 아시아에서 활동 중인 대기업에 이르기까지 기업의 면면도 다양하다. 그동안 실사를 해 본 경험이 풍부한 셈이다. 회사의 종류에 따라 실사하는 과정이 각각 딴판일 거라 생각하기 쉽지만, 내 경험에 따르면 사실 놀라울 정도로 비슷하다. 일을 해 나갈수록 배우고 발전해 나갈 수 있다는 뜻이니 좋은 소식이 아닐 수 없다. 회사가 어디에 있고, 무엇을 하고, 성장 주기의 어느 단계에 있든 실사는 다음 몇 가지 보편적인 질문으로 귀결된다.

- 이 회사는 성공할 가능성이 있는가? 회사가 유망한 업계에 속해 있는가? 투자금을 통해 올릴 수익이 리스크를 뛰어넘는가?
- 투자자에서 경영진에 이르기까지 함께 일하는 모든 파트너가 능력 있고 윤리적인가? 모든 관계자의 인센티브가 제대로 배분되어 있는가?

두 가지 문제만 살펴봐도 충분할 테지만, 10퍼센트 사업가라면 목록에 문제를 하나 더 추가해야 한다.

- 이 회사가 10퍼센트 사업 계획과 잘 맞는가? 내가 회사에 상당한 기여를 하고, 회사를 통해 이후 사업에 활용할 지적 자본을 축적하고, 경험을 쌓고, 인맥을 만들 수 있는가?

위 질문에 확실하게 답할 수 있다면 필요한 조사를 했고 사업 절차를 따랐다고 봐도 무방하다. 이제 엔젤 투자자나 고문이 될 준비를 마친 것이다. 물론 회사 정관을 준비해서 창업자가 될 수도 있다.

그렇다면 이런 질문에 대한 답을 어떻게 찾아야 할까? 답은 제대로 된 조사에 달려 있다. 정보를 모으고, 자기 자신과 회사에 대해 까다로운 질문을 던지고, 알아낸 것을 바탕으로 생각을 종합해야 한다. 완벽한 정보를 얻을 수는 없는 법이라 어디까지나 뚜렷하지 않은 부분이 있을 테니 진행 과정 중에 얻은 정보를 바탕으로 추론해야 할 수도 있다. 또한 회의적인 태도를 견지하는 한편 실사 단계 전반에 걸쳐 자신의 분석과 평가에 기반해 독자적으로 생각하고 행동해야 한다. 엄밀하고 객관적으로 사고한다면 서두르거나, 쉬운 길을 택하거나, 무턱대고 남을 따르고픈 유혹을 피할 수 있다.

자신의 역할에 따라 할 일이 달라진다는 점도 기억해 두자. 엔젤형 혹은 고문형이라면 실사를 통해 경영진이 운영하는 사업이 성공할지 평가하면 된다. 반면 창업자라면 남들의 사업과 잠재력을 분석하기보다 자신의 아이디어가 타당한지 평가하는 데 집중해야 한다. 또한 시장의 타당성을 분석하고, 사업 모델을 개발하고, 아이디어를 발전시킬 수 있는 능력을 가늠해 봐야 한다. 이 같은 분석은 향후 투자자나 파트너를 위해 꼭 준비해야 하는 사업계획서의 뼈대가 될 것이다.

어떤 벤처 사업을 평가하든 아래의 세 가지 주제에 주의력과 시간을 집중해야 한다.

- **회사:** 이 회사는 성공할 가능성이 있는가? 회사가 유망한 업계에 속하는가? 투자금 대비 수익이 리스크를 뛰어넘는가?
- **파트너:** 투자자에서 경영진에 이르기까지 함께 일하는 모든 파트너가 능력 있고 윤리적인가? 모든 관계자의 인센티브가 제대로 배분되어 있는가?
- **자기 자신:** 이 회사가 10퍼센트 계획과 잘 맞는가? 당신이 회사에 상당한 기여를 하고, 회사를 통해 이후 사업에 활용할 지적 자본을 축적하고, 경험을 쌓고, 인맥을 만들 수 있는가?

회사

정보는 언제나 도움이 되며, 실사는 정보를 발견하는 과정이다. 내가 한 최악의 투자는 회사를 잘 이해하지 못하고 뛰어든 경우였다. 사업 절차를 착실히 따르면 이런 회사에 참여하고픈 유혹을 줄일 수 있다. 실사를 하지 못할 만큼 자신의 전공 분야와 거리가 먼 사업 기회는 심사 단계에서 이미 삭제했을 것이다. 이제 본격적인 일이 시작된다. 실사 단계는 퍼즐을 맞추는 것과 같다. 자신의 강점을 활용할 수 있는 분야의 회사를 골랐다면 퍼즐의 첫 조각은 비교적 빠르게 맞출 테니 큰 그림이 유망한지 훨씬 쉽게 파악할 수 있을 것이다. 전공 분야와 관련된 회사를 선택할 경우 조언, 정보, 다른 의견이 필요할 때 누구에게 전화해야 하는지 쉽게 알 수 있다. 잎시의 경우 나는 특별한 위치에서 사업 기회를 분석하고 상황을 파악할 수 있었다. 비즈니스 모델을 이해했고, CEO와 알고 지내는 사이였으며, 시장의 역량이 충분하다는 것을 알았다. 덕분에 실사가 쉬워졌고 동시에 적절한 질문을 하고 리스크와 향후 수익을 효과적으로 분석할 수 있었다.

실사 단계에서 회사에 관해 자문해야 하는 중요한 질문은 다음과 같다.

> **» 실사 체크리스트: 회사**
> - 누가 회사를 경영하는가? 경영진은 성공할 가능성이 있는가?
> - 회사를 성공 혹은 실패로 이끄는 요인은 무엇인가? 이 회사는 어떻게 수익을 올릴 것인가? 고객층은 누구인가?
> - 이 업계의 경쟁 구도는 어떤가? 시장의 규모는 어떤가? 회사는 어떻게 시장점유율을 늘리고 방어해 나갈 것인가?
> - 주요 리스크는 무엇인가? 회사가 실패할 수 있는 요인은 무엇이며, 그 같은 상황이 벌어질 가능성은 얼마나 되는가?
> - 3~5년 뒤 이 회사는 어떤 모습이 될 것인가? 성공한다면 어떤 모습일까?

- 회사가 성공하려면 어떤 인재를 영입해야 하는가?

- (해당될 경우) 회사가 지적 자산을 제대로 보호하고 있는가?

- 지금까지 회사의 재정적·경영적 성과는 어떠했는가? 성장 목표의 실현가능성은 얼마나 되는가?

- 회사를 운영하는 데 필요한 금전 자본은 얼마나 되는가? 자본의 출처는 어디인가?

- 회사가 성공한다면 더 많은 투자를 할 수 있는가? 회사 측에서는 당신이 더 많이 투자하기를 기대하는가?

- 어떤 형태로 투자할 것인가? 시간 투자, 금전 투자 혹은 양쪽 모두에 대해 상대가 제시하는 보상은 무엇인가?

- 해당 투자에 소요되는 기간은 얼마나 되는가? 단기적 투자인가 아니면 장기적 투자인가?

- 다양한 시나리오를 생각했을 때 회사의 잠재적인 금전 수익은 어느 정도인가?

- 기업의 창업자 혹은 여타 지분 소유자가 당신보다 먼저 수익을 배분받는가? 수익이 창업자, 경영진, 투자자 사이에 공평하게 배분되어 있는가?

이들 의문에 대해 확실한 답을 알아내려면 자신의 지식에 의지해야 한다. 인맥의 지식(제8장에서 자세히 다룰 것이다)과 노력을 동원하자. 실사란 기말 리포트를 쓰는 것과 같다고 생각한다. 정보를 얻어 내는 방법은 무한하다. 정보를 얻고, 맥락에 맞게 정리하고, 판단을 내리는 것은 오롯이 당신의 몫이다. 사실 실사를 통해 알아낸 결과물을 리포트나 메모 형식으로 정리하는 사람도 꽤 많다. 모든 답, 질문, 아이디어를 하나의 문서에 담아내는 것이다.

실사 단계에서는 많은 정보를 접할 테니 잘 정리해 두자. 경영진을 만나고, 질문을 던지고, 개인적인 조사를 통해 문제가 없는지 확인해야 한다. 메모를 하고, 생각을 정리하고, 정보를 수집하는 한편 조사 과정에서 생겨나는 의문점을 메모해 두자.

이 책에 등장하는 10퍼센트 사업가가 모두 그랬듯이 성공적인 투자를 하려면 회사에 대해 떠오르는 의문점마다 답을 찾는 것이 가장 중요하다. 수요를 분석하고 시장성이 있는지 확인하기 위해 오이스터 베이 양조의 게이브 하임은 주말에 롱아일랜드를 돌아다니며 경쟁자를 분석했고, 마살라 베이비의 디팔리 파트와는 유아복 박람회에 참가했다. 먼데이 나이트 브루잉, 실버카, 루크 랍스터의 루크 홀든, 블루스마트의 디에고 사에즈길 등 이 책에 등장하는 사업가들은 회사에 관해 알아봐야 하는 모든 정보를 담아 메모를 쓰고 사업계획서를 짰다. 시간이 오래 걸리는 과정이지만(몇 주에서 몇 달 혹은 그보다 더 오래 걸릴 수도 있다) 실사를 끝내고 나면 회사의 가능성을 볼 수 있는 눈이 생길 것이다. 이 회사가 왜 실패할 가능성이 있는지도 자문해 봐야 한다. 이렇게 얻은 지식 덕분에 당신은 실력 있고 유식한 투자자로 거듭날 것이다. 더불어 계약을 마무리한 뒤에는 좀 더 효과적으로 회사에 기여할 것이다.

실사에서 가장 재미있는 부분은 새로운 사람들을 만나고 세상 밖으로 나서는 것이다. 실사 과정에서 하는 회의는 상대방과 소통하고, 회사에 대해 뭔가 배우고, 향후 의미 있는 관계를 일구는 데 필요한 신뢰를 쌓는 기회가 된다. 또한 실사는 자신의 사무실을 벗어나 현실 세계의 기업을 관찰하는 방법이기도 하다. 레스토랑이나 매장에 투자할 생각이라면 사람들이 드나드는 모습을 몇 시간 정도 관찰하고 손님과 이야기를 나눠 보자. 제품을 직접 사용하고 회사의 서비스를 직접 경험해 보자. 실버카를 직접 몰아 보고, 아이에게 마살라 베이비의 옷을 입히고, 블루스마트의 가방을 들고 여행을 떠나며, 루크 랍스터의 롤 샌드위치를 먹어 보는 것이다.

조사를 마치고 나면 문제의 회사가 리스크에 비해 유망한지 분석할 수 있다. 회사의 뼈대를 만드느라 리스크가 높기 마련인 창업 초기의 벤처 기업을 지원하고 있다면, 회사가 성공했을 때의 수익률이 그만큼 매력적이어야 한다. 투자금의 다섯 배 혹은 열 배의 수익을 얻을 수 있어야 한다. 리스크가 높은 벤처에 투자하여 창업자는 수백만 달러를 벌었는데 정작 당신은 원금과 약간의 수익만 돌려받았다고 생각해 보자. 높은 리스크를 감수했는데도 창업자만 이익을 독차지한 것이다. 한편 리스크가 낮지만 유서 깊고 안정된 회사의 경우 자금의 열 배나 되는 수익을 기대할 수는 없다. 실사 단계에서 회사의 창업자와 마주 앉아 그들 자신이 받을 보상의 기대치와 당신에게 제안하는 보상에 관해 논의해야 한다. 창업자형이라면 투자한 자원에 비해 타당한 수준의 수익이 나야 한다. 그런 다음 리스크에 비해 충분한 수익이 나는지 가늠해야 한다. 판단이 끝났다면 파트너 분석 단계로 넘어가자.

파트너

일을 즐기고 성공할 확률은 파트너를 얼마나 주의 깊게 고르는가와 직접 연관된다. 목표 의식과 가치관이 같은 사람들과 일해야 하는 이유다. 이 점은 타협할 수 있는 문제가 아니다. 당신이 본업을 유지하는 한편 사업 벤처에 참여하도록 지원해 줄 수 있는 인재를 구하자. 그들 자신의 이해 관계뿐 아니라 당신의 이익도 보호해 주고, 기업 내에서 당신이 맡는 역할을 존중하고, 청렴 성실하고, 당신을 위해 또 당신과 더불어 수익을 올릴 거라는 확신이 서야 한다.

회사를 향한 열정과 마찬가지로 파트너를 향한 열정도 필요하다. 영감을 주는 사람과 함께 사업하면 더욱 큰 보상을 누릴 수 있다. 그러나 파트너를 분석하고 평가할 때는 단순히 그 사람을 좋아하는가를 기준으로 판단하는 어리석음을 범하지 말아야 한다. 사업이 실패하는 원인은 대부분 사람의 실패로 귀결되며, 사람 좋은 이들도 곧잘 실패를 겪기 때문이다. 경영진이 취약하거나 문제가 있는 직원을 고용한다면 회사는 기회를 놓치고 문제가 생긴다.

투자 업계의 내 멘토였던 스콧 포시는 부적절한 파트너야말로 끝없는 골칫거리라고 조언했다. 실수로 파트너를 잘못 고르면 풍파를 맞기 쉽다. 잘못된 선택이 투자를 망칠 뿐 아니라 당신의 평판까지 뒤흔 드는 것이다. 지분 증권이나 고문 명단에는 당신의 이름이 그들과 나 란히 올라 있으므로 파트너가 저지른 잘못의 여파가 당신에게도 미칠 수 있다는 사실을 잊지 말자. 파트너가 문제를 일으키거나, 특히 윤리 적으로 옳지 않은 처신을 했을 경우 경제면 1면에 그들의 이름과 당신 의 이름이 나란히 오를 수도 있다. 어머니는 언제나 근묵자흑을 경계 하라고 말씀하셨다. 다행히 그 반대의 논리 또한 적용된다. 잎시에 대 해 확신을 품게 해 준 캠베로스와 리버보임 같이 좋은 사람으로 주변 을 채워 나가면 배우고, 즐기고, 탄탄한 기업을 쌓아 나가는 신나는 기 분을 공유할 수도 있는 것이다.

그렇다면 괜찮은 파트너와 손잡았는지 어떻게 알아낸단 말인가? 회사에 관련된 사람에 대해 아무것도 모를 경우, 아마도 심사 과정에 서 해당 사업 기회를 삭제했을 가능성이 높다. 그러나 회사 관계자를 안다고 해서 까다로운 질문을 던지지 않는 실수를 저지르지는 말자. 추후 파트너가 될 수 있는 인물을 분석할 때는 아래의 체크리스트를 참고해서 제대로 조사하고 있는지 확인하자. 조사 대상은 주요 관리 자, 투자자, 그 외에 당신의 파트너가 될 수 있는 주요 지분 소유자 등 이다.

» 실사 체크리스트: 파트너
- 주요 관계자는 각자 어떻게 회사를 발전시켜 나갈 예정인가? 당

사자마다 성공에 필요한 요소를 지니고 있는가?

- 이들이 중요한 회사나 관련 사업에서 성공한 경험이 있는가? 경영진의 경력은 어떠한가?

- 상대가 당신과 같은 직업 윤리를 지니고 있는가?

- 경영진의 빈틈은 무엇인가?

- 상대가 사업 파트너나 고용주와 갈등을 겪은 일이 있는가?

- 상대가 성공과 실패 등 자신의 과거를 숨김없이 드러내는가?

- 상대가 조언, 피드백, 비판을 수용하는가?

- 이해 관계가 상충되는 부분은 없는가?

- 상대가 당신과 정보를 공유하고 주된 변화가 있을 때 알려 줄 거라는 믿음이 있는가?

- 당신이 회사에 기여하는 부분을 상대가 높이 평가하는가? 당신이 전화하면 응답하는가?

- 창업자가 직접 리스크를 감수하는가? 시간, 자금 혹은 둘 모두 상당한 투자를 했는가?

- 창업자와 관리자가 회사에 집중하고 헌신할 수 있도록 동기를 부여해 줄 충분한 인센티브(회사 소유권 등)가 배분되는가?

- 여타 엔젤 투자자, 고문, 투자자는 누구인가? 그들은 왜 참여했으며, 이 회사에 대해 어떤 시각을 지니고 있는가? 정보력과 판단력에 기반하여 수익을 예상하고 자금을 투자했는가?

이미 아는 사람들과 함께 할 경우 예전에 했던 질문이나 함께 일한 경험을 바탕으로 판단할 수 있다. 그러나 잘 모르는 사람들과 함께 일한다면 마음속의 셜록 홈스를 불러내야 한다. 내 경우 위의 질문에 답을 구한 다음 링크트인과 인맥을 이용해서 해당 주제에 관해 식견이 있는 사람을 찾아본다. 그들과 이야기를 나누면서 경영진의 자질을 확인하고 숨은 문제가 없는지 알아보는 것이다.

사람들은 의외로 솔직하다. 해당 경영진을 괜찮게 생각한다면 찬사를 늘어놓을 것이다. 한편 경영진이 예전에 문제를 일으킨 적이 있다면 남들도 그런 불상사를 겪지 않도록 말릴 것이다. 나도 양쪽 당사자를 모두 아는 사람을 통해 계약을 포기하기로 결심할 만큼 중대한 정보를 얻은 적이 여러 번 있었다. 확신이 서지 않거나 필요한 정보를 모두 알아낼 만큼 인맥이 탄탄하지 않다면 추천서를 몇 장 요구하는 것도 방법이다. 상대가 추천서 명단을 꺼린다면 함께 동업하지 않는 편이 바람직할 것이다. 추천서를 내놓을 수 없다는 것은 심각한 적신호다. 나는 최종적으로 인터넷을 이용하여 경영진을 조사한다. 온라인에서는 놀랄 만큼 많은 양의 정보를 얻을 수 있다. 인터넷 검색은 충분조건은 아니지만 분명 필요조건이다.

제대로 된 파트너를 찾으려면 인내가 필요하지만, 그 결과는 사업의 판도를 바꿔 놓기도 한다. 루크 홀든은 매장을 열고 관리하는 동시에 금융계에서 본업을 유지하려면 누군가의 도움이 필요하다는 사실을 알고 있었다. 다른 많은 밀레니엄 세대처럼 그도 생활정보 사이트

크레이그리스트를 검색해 보고 광고를 올렸다. 그런 다음 600여 개의 이력서를 꼼꼼히 살펴본 뒤 열 명의 후보를 놓고 고심한 뒤에야 벤 코니프를 만났다. 코니프는 요식 업계에서 일한 경험이 있으며 처음부터 루크 랍스터에 열정적인 태도를 보였다. 두 사람 모두 믿음의 도약을 했지만, 사실 이렇게 큰 성공을 이뤄 내리라고는 예상하지 못했다.

아무리 똑똑하고 재능이 넘친다 해도 목표를 달성하기 위해 필요한 모든 자산을 혼자 힘으로 손에 넣을 수는 없다. 지식이나 기술의 빈자리를 해결하는 방법을 찾아야 한다. 파트너는 미래의 투자에도 영향을 미친다. 사실 시간이 흐르고 평판과 인맥이 쌓여 나갈수록 '사람'에 관련된 문제를 해결하는 것은 훨씬 쉬워진다. 일단 믿을 만한 파트너가 여럿 있으면 새로운 사업 기회를 소개해 줄뿐더러 모든 일이 더 효과적으로 연동되게 도와줄 것이다. 지금까지 내가 쌓아 온 10퍼센트 사업 활동을 돌아보면 인맥이야말로 모든 것을 가능케 해 준 가장 중요한 요소였다.

자기 자신

10퍼센트 사업에 계속 임하다 보면 힘에 부친 나머지 '10퍼센트'가 자동 조종 상태로 흘러가길 바랄 수도 있다. 그러나 애초에 사업을 시작한 것은 배우고, 새로운 인맥을 쌓고, 자신의 이름을 건 뭔가를 쌓아 나가고 싶어서라는 사실을 기억하자. 옆에서 구경만 하는 것은 그만두자. 지금이야말로 사업 전면에 나설 때다.

어떤 역할을 맡든 단순히 돈을 대는 것 이상의 뭔가를 하고 싶은 이유는 당신이 직접 기여할 수 있는 상황에서만 신바람이 나기 때문이다. 10퍼센트 사업가라면 당신이 조언을 해 주고, 인맥을 쌓고, 기업이 매일같이 마주치는 수십 건의 문제를 해결하는 데 기여해서 회사의 가치를 더 높일 수 있는지 생각해 봐야 한다. 모두 당신 자신을 위해서다. 첫째, 회사가 성공할 가능성을 높이기 위해 당신이 할 수 있는 일이 아무것도 없을 경우 과연 회사에 대해 충분히 알고 있는지 재고해 봐야 한다. 둘째, 당신이 경영진을 도울 수 없다면 향후 사업 기회로 이어질 의미 있는 인맥을 다질 수도 없다. 셋째, 적극적인 역할을 맡으면 당신의 경력과 평판에 도움이 된다. 그냥 방관자로 머물고 싶다면 차라리 주식 거래를 하는 편이 낫다.

엔젤 투자자나 고문형으로서 투자하기 전에 경영진과 시간을 보내며 왜 당신을 영입하고 싶어 하는지 알아보자. 함께 손잡을 경우 수년간 이어질 파트너십을 맺을 테니 상대의 기대치를 사전에 파악해 둬야 한다. 상대는 자금 조달, 인맥, 조언, 복합적인 요소 중 무엇을 필요로 하는가? 당신은 그들을 돕는 데 얼마나 시간을 할애해야 하는가? 이 같은 문제는 창업자형과 동업자에게도 해당된다. 새 동업자와 회사를 꾸릴 셈이라면 함께 시간을 보내면서 각자 어떤 기여를 해야 하는가에 대해 생각이 같은지 확인해야 한다. 나는 거의 기여를 하지 않은 동업자에게 회사의 지분 상당량을 주어야 했던 사업가를 여럿 알고 있다. 그 동업자는 회사의 성공에 전혀 이바지한 게 없는데도 지분을 팔아서

100만 달러의 수익을 올렸다.

기대치를 정하고 회사를 성공으로 이끌기 위해 각자 해야 하는 일이 무엇인지 명확히 해 두려면 이런 문제를 초반에 해결하는 것이 중요하다. 제품, 수치, 계약 등의 요소를 제하고 나면 사실 가장 중요한 요소는 사람이다. 사람으로 인한 문제는 그 특성상 감정이 얽힐 수밖에 없다. 한편 돈이나 여타 주제에 대해 이야기하다가 분위기가 어색하거나 불편해질 수도 있다. 그러나 어색한 분위기를 꺼릴 필요는 없다. 지금 약간의 긴장감이 조성되더라도 문제를 깨끗이 정리해 두면 장기적인 오해가 생기지 않을 테고, 만의 하나 각자의 시각이 전혀 다르다면 계약서에 서명하기 직전보다는 초기에 깨닫는 편이 낫다. 게다가 현실 문제를 논할 때 예비 파트너가 어떻게 반응하는지도 살필 수 있다.

여럿이 동업할 경우 창업자의 관심사와 노선이 각기 다를 수 있다. 피터 발로는 실버카에 합류하기 위해 로펌을 떠날 생각이 추호도 없었고, 먼데이 나이트 브루잉의 세 창업자 중 전업을 결심한 사람은 둘뿐이었다. 이 같은 문제는 쉽게 해결할 수 있으면서도, 회사의 장기 성장을 도모한다면 간과하지 말아야 하는 중요한 문제다.[1]

경영진을 파악하고, 당신이 회사에 구체적으로 기여할 방법을 논의해 두면 모든 일이 쉬워진다. 나는 고문형으로 일할 때면 CEO와 함께 간부 회의를 갖고 각 당사자가 주기적으로 만족시켜야 하는 기대치를 정리하여 목록을 만든다. 그런 사항을 정해 두면 경영진에게 도움이 되는 방식으로 시간을 활용할 수 있고, CEO와 여타 주요 관리자도 당신의 시간을 현명하게 활용한다.

엔젤 투자자든 고문형이든 회사에 많은 기여를 하는 편이 바람직하다. 당신이 투자한 가치를 올릴뿐더러 10퍼센트 사업에 속하는 인물들과 더 깊은 관계를 다질 수 있고, 모든 관련 당사자에게 당신의 가치를 증명하는 기회도 생기기 때문이다. 앞으로도 그들과 함께 여러 가지 사업을 시작할 테니, 당신이 회사에 많은 기여를 한다면 '함께 일하고픈 사람'이라는 이미지를 심어 줄 것이다.

나는 디에고 사에즈길의 첫 회사 위호스텔의 투자자였다. 전략적 투자자에게 회사를 매각했을 때, 그는 내게 연락해서 조언을 구했다. 우리는 만나서 스프레드시트를 검토하고, 계약 조건을 분석하고, 매각이 투자자와 경영진에게 미치는 영향에 대해 알아보았다. 사에즈길은 회사를 매각한 경험이 없었으므로 내가 비슷한 상황에서 겪은 이야기를 들려주었다. 매각 과정에서 열띤 협상을 한 덕분에 우리는 서로를 잘 알았고 상당한 신뢰도 쌓았다. 사에즈길은 회사를 매각한 뒤에도 우리가 함께 일한 시간을 잊지 않았다. 110퍼센트 사업가로서 블루스마트에 합류했을 때, 그는 초창기부터 내게 엔젤 투자자 겸 고문형으로 합류하는 기회를 제시했다.

성공으로 향하는 길에 서고 싶다면 아래 질문을 활용하여 해당 기업에서 당신이 맡을 역할이 무엇인지 분석해 보자.

» 실사 체크리스트: 자기 자신

- 당신이 가진 자원은 현재 그리고 미래에 회사의 니즈와 어떻게 맞아떨어지는가?
- 당신은 기업이 성공하는 데 도움이 될 지적 자본이나 인맥을 가지고 있는가?
- 경영진이 당신의 조언과 아이디어를 중시하는가? 당신과 의논하고 조언을 얻고자 하는가?
- 경영진과 마음이 맞는가? 감정이 아니라 사실 관계와 정보에 바탕을 두고 진솔한 대화를 나눌 수 있는가?
- 회사가 당신의 요구에 즉시 대응하는가? 제때 정보를 제공하고 질문에 답하는가?
- 이 회사를 통해 더 나은 10퍼센트 사업가로 거듭나기 위한 교훈을 배울 수 있는가?
- 당신의 '10퍼센트'를 성장시키는 데 도움이 될 인맥을 얻을 수 있는가?
- 고문형의 경우 회사 측에서 당신의 역할에 대해 구체적인 목표나 기대치를 정해 두었는가?
- 창업자형의 경우 함께 일하는 파트너 모두 창업 준비가 되어 있는가? 모든 당사자가 서로의 참여 정도와 경제적 리스크를 고려하여 적절한 계약을 체결할 준비가 되었는가?

4. 최종 결정

실사를 마쳤다면 투자를 시작할지 결정할 준비가 끝난 셈이다. 이 시점에서는 최종 결정을 내려야 한다. 벤처 캐피털이 투자 여부를 결정할 때는 투자위원회가 모여 계약의 타당성과 리스크를 살핀다. 그리고 토의 내용을 바탕으로 투표를 거행한다. 확신이 서지 않거나 추가 의견을 구하고 싶다면 친구나 가족을 상대로 마음에 걸리는 부분에 관해 상담해 보자. 자신만의 임시 투자위원회를 꾸리는 것이다. 마음을 정했다면 최종 결정을 내리면 된다. 실사에서 발견한 정보에 만족하고 사업 기회가 자신의 전략과 맞아떨어진다고 생각한다면 투자를 결정한다. 자신이 원하는 것과 맞아떨어지지 않는 부분이 있다면 정중하게 거절하자. 투자하지 않는 것이야말로 최고의 투자 결정이 될 수도 있다.

최종 결정을 내리고 막상 투자를 시작할라치면 조금은 두려운 마음이 들기 마련이다. 특히 엔젤형 투자자는 더욱 그렇게 느끼기 쉽다. 열심히 번 돈을 투자하는 것이기 때문이다. 잎시에 투자할 당시 나는 실사를 하고 경영진과 나의 역할에 대해 충분히 숙고했다. 사업 절차에도 제대로 충실했다. 하지만 걱정되는 건 마찬가지였다. 결국 미래를 보여 주는 거울은 없는 만큼 내가 충분히 실사했다는 사실을 믿을 수밖에 없었다. 잎시처럼 유망한 업체에서 잘 아는 사람들과 함께 파트너십을 맺는데도 마음이 편안하지 않다면 결국 아무 데도 투자할 수 없을 테니까. 최종 결정을 내릴 때는 실사 과정의 틀을 구성한 질문을 다시금 던져 보아야 한다.

» 최종 결정 체크리스트

- 이 사업이 성공할 가능성이 있는가?

- 투자에 비해 매력적인 수익을 달성할 수 있는가?

- 파트너가 능력 있고 윤리적인가?

- 모든 당사자의 인센티브가 적절하게 배분되어 있는가?

- 회사가 성공하는 데 의미 있는 기여를 할 수 있는가?

- 향후 당신이 유용하게 쓸 만한 인맥이나 지적 자본을 쌓을 수 있
  는가?

이 모든 것이 하나의 과정이며 앞으로 배우고, 개선하고, 또 몇 가지 실수를 하게 되리라는 것을 잊지 말자. 경험이 쌓이면서 좀 더 넓은 기회, 새로운 사람들을 만날 것이다. 사업가는 성장하는 존재다. 오늘 내놓은 아이디어는 별 볼일 없더라도 다음에는 블록버스터급 아이디어를 내놓아 크게 성공할 수도 있다. 그러므로 상대의 사업 기회를 거절한 경우라도 이번 일을 기회 삼아 연락을 유지하자. 굳이 다리를 태워 버릴 필요는 없다. 나중에라도 파트너가 될 가능성이 있는 사람이라면 지적 윤리적으로 바람직한 인상을 남기도록 노력하자. 가능한 한 빨리 결정을 내리고 한번 한 말을 지킨다면 긍정적인 인상을 심어 줄 수 있다. 또한 절대 질질 끌지 말자. 열심히 회사를 일구느라 바쁜 상대의 시간을 존중해 준다면 고맙게 생각할 것이다. 게다가 빨리 결정을 내릴 경우 당신 또한 다음 사업 기회를 일찍 검토할 수 있다.

5. 문서화

똑똑한 사업가는 언제나 모든 것을 서면으로 정리해 두기 마련이다. 투자하기로 결심했다면 서류를 꾸며야 한다. 구체적으로 어떤 서류를 꾸밀 것인가는 당신의 역할에 따라 달라진다.

- 엔젤 투자자라면 회사의 지분을 매입하는 내용의 계약에 서명해야 한다.
- 고문형이라면 고문 계약에 협상하고 서명하되, 주식을 받는 대신 당신이 해야 하는 최소한의 기여에 동의해야 한다.
- 창업자형이라면 투자자, 파트너와 더불어 계약을 서면화해야 한다.
- 마니아형 혹은 110퍼센트 사업가형이라면 개입 방식에 따라 엔젤형, 고문형, 창업자형과 같은 단계를 밟으면 된다.

전공 분야에 따라 다르겠지만 이 단계에서 해야 하는 논의, 협상, 법적 서류가 익숙지 않을 수도 있다. 그렇다 해도 걱정할 필요는 없다. 사업의 법적 측면은 생각보다 복잡하지 않다. 계약을 해 본 경험이 많지 않다면 법적 서류를 접하고 조금 주눅이 들 수도 있겠지만, 사업을 하다 보면 많은 계약서가 비슷한 양식과 용어를 사용한다는 것을 발견할 것이다.[2] 게다가 중소기업은 변호사 비용으로 큰돈을 지불할 수 없는 경우가 많아서 거래에 필요한 법적 서류를 단순화하고 규격화하려는 움직임이 일고 있다.[3] 서류를 꼼꼼히 읽고, 필요한 경우 정확한 판단을 내려 줄 성싶은 다른 사람에게 부탁해서 서류를 검토하자.

계약서가 당신이 생각한 내용과 다를 경우 대충 합의하여 넘기고픈 유혹에 굴하지 말자. 회사의 경영진, 변호사 혹은 용어를 설명해 줄 만한 사람에게 물어보자. 자신이 모든 계약 조건에 만족하는 것이 결국은 모두에게도 좋은 일이다. 사업가는 파트너가 만족하길 바라기 때문이다. 하지만 끝도 없이 협상하거나 질질 끄는 것은 아무에게도 도움이 되지 않는다. 잎시에서 자금을 유치할 때는 모든 투자자를 대신해서 일련의 조건을 협상하는 리더 격 투자자가 있었다. 나는 소액 투자자였으므로 결정된 조건을 수용했다. 일단 서류를 읽고, 내 이해 관계가 잘 반영되었는지 확인한 뒤 서명했다. 소액 투자자마다 각자 계약을 협상하려고 든다면 비실용적일뿐더러 비용도 많이 발생할 것이다.

어디서부터 시작해야 좋을지 알 수 없다면, 언제든 엔젤 투자자 그룹에 합류하면 된다. 제8장에서 다루겠지만 집단의 일원으로서 투자하면 자신감도 붙고 향후 독자적으로 투자하기 위해 배워야 하는 정보도 얻을 수 있다. 상황이 불확실하다고 여길 경우 혹은 복잡한 상황에 처할 경우 자문해 줄 수 있는 변호사 또는 회계사와 함께 일하는 것도 고려해 볼 만하다. 일을 시작하는 단계에서 변호사나 회계사에게 소소한 비용을 지불해 두면 이후 골칫거리를 예방할 수 있다. 한편 변호사는 ('10퍼센트'에 속한 기업 등) 신규 고객을 소개해 주리라는 기대를 안고 친구나 지인에게 무료로 조금씩 조언을 해 주는 경우도 있다.

사업 절차는 10퍼센트 사업가로서 당신이 해야 하는 일의 핵심이다. 그뿐 아니라 당신과 당신의 인맥에 속한 사람들이 지닌 모든 자원을 잇는 다리 역할을 할 것이다. 사업 기회를 찾는 데서 문서화하는 데 이르기까지 사업 절차의 각 단계를 밟을 때마다 10퍼센트 사업가는 주변 사람들의 식견을 빌려야 한다. 제8장에서 다루겠지만, 이렇게 쌓은 인맥은 당신이 투자한 시간, 돈, 아이디어를 훨씬 효율적으로 활용할 수 있도록 도와줄 것이다.

제8장

사람으로 성공 확률을
끌어올려라

성공한 10퍼센트 사업가를 꿈꾼다면 혼자 힘으로 해 나가겠다는 생각은 접어 두자. 당신이 지닌 자원의 일부만, 그것도 투잡의 형태로 투자하는 만큼 당신의 자산을 훨씬 유용하게 활용해 줄 사람들과 힘을 합쳐야 한다. 팀워크는 바로 그 지점에서 빛을 발한다. 팀워크는 10퍼센트 사업 계획의 마지막 단계다. 인맥을 이용해서 내가 하는 일에 도움을 주는 한편 이익을 얻을 수 있는 사람들로 주변을 채워야 한다. 그러면 당신의 사업이 성공할 가능성은 한층 높아질 것이다.

적절한 사람들로 주변을 채우는 것은 어디서나 중요하지만, 특히 중국에서는 사업의 사활을 결정짓는 요소다. 윌리엄 바오 빈은 그 점을 잘 알고 있다. 그는 중국 최대의 엔젤 투자자 그룹인 엔젤베스트

AngelVest의 운영위원회에서 활동하고 있다. 2007년 이후 이 그룹은 1,000여 개가 넘는 기업을 평가하고 그중 서른 곳이 넘는 기업에 자금을 댔다. 벤처 기업 투자에 관한 한 중국은 옛 서부처럼 무법천지에 가깝다. 그러나 상황을 잘 파악한다면 기회가 넘쳐나는 곳이기도 하다. 엔젤베스트는 거기서부터 활약한다. 엔젤베스트 회원의 본업은 대기업 직원, 부동산, 마케팅, 재무, IT, 의료, 법률계 종사자 등 다양한 분야를 망라한다. 그들은 또한 엔젤 투자자로서 서로 힘을 합치는 10퍼센트 사업가이기도 하다.

베이징에 있든 베를린이나 보스턴에 있든 엔젤 투자자 집단에 합류할 때 좋은 점은 서로의 지혜 그리고 당신과 같은 생각을 하며 같은 목표를 지닌 사람들의 경험에 기대어 덕을 볼 수 있다는 것이다. 초보 투자자라면 날개 속에 품고 투자를 도와줄 노련한 투자자들로 주변을 채울 수도 있다. 엔젤베스트는 절차의 모든 단계에서 전체의 이득을 위해 각 회원의 식견을 활용하게끔 짜여 있다. 회원들은 가장 유망한 신생 기업을 찾아 전국을 누비고, 함께 힘을 합쳐 실사한 뒤 사업 절차를 진행한다. 그리고 과정 전반을 통해 서로 배운다. 변호사는 마케팅 분야의 전문가에게 조언해 주고, IT 사업가는 부동산에 대해 배우는 등 모두 전보다 더 많은 것을 알고 더 넓은 인맥을 쌓아 나간다.

중국은 투자뿐 아니라 창업을 할 때도 인맥이 중요하다. 미국에서 자란 개빈 뉴튼탠저는 중국에서 선라이즈 국제 교육Sunrise International Education을 창업했다. 5만 명이 넘는 학생에게 영어 과외 프로그램을 제공하는 회사다. 토론 프로그램을 비롯해 다양한 방과 후 영어 교육을 제공함으로써 차세대 중국 학생들에게 유학 시 필요한 언어 능력과 비판적 사고력을 키워 주고 있다.

연륜이 중요한 교육 분야에 뛰어든 20대 신출내기 사업가였던 뉴튼탠저는 미국과 중국 양쪽에서 자신의 신용을 높여 줄 사람을 영입해야 한다는 사실을 잘 알고 있었다. 그래서 영향력 있는 학자부터 유명한 교육계 사업가에 이르기까지, 10퍼센트 사업가로 활동하는 고문을 여러 명 영입하기로 결심했다. 그는 가능한 한 최고의 인재를 초빙하기 위해 강렬한 피치Pitch(상대를 설득하기 위해 내 생각을 주장하거나 홍보하는 것)를 준비했다. 모두 바쁜 사람들이었으므로 컨퍼런스나 지인을 통해 상대를 만나는 데 성공하면 협업 계획을 상세히 정리한 사업기획서를 내밀었다. 사업기획서가 매우 구체적이어서 선라이즈가 어떤 면에서 자신과 맞아떨어지는지 쉽게 이해할 수 있었다. 덕분에 그는 상대를 설득하는 데 성공했고, 미국과 중국의 학자, 뉴욕의 아시아 소사이어티Asia Society 회장, 세계 최대의 교육 기업 피어슨Pearson의 은퇴한 임원 등 유명한 인물들로 고문단을 꾸릴 수 있었다.

'내 팀'이란 장기적으로 함께 사업을 할 수 있는 내 인맥에 속한 모든 사람을 가리킨다. 내 팀을 꾸린다는 건 단순히 인맥을 쌓는 것 이상을 의미한다. 내 목표에 발맞추고 싶어 하는 사람들을 모으고 내 일에 참여해 나가도록 하기 때문이다. 이렇게 꾸린 팀은 '10퍼센트'의 연료가 되어 줄뿐더러 사생활에서나 커리어에서 기회와 기회를 잇는 다리 역할을 하여 즐겁고 보람차게 활동을 이어 나가도록 도울 것이다. 팀이란 신뢰할 수 있고 같은 직업 윤리를 지니고 있으며 서로를 공정하게 대하는 사람들이다. 그중 일부는 멋진 친구로 거듭날 수도 있다. 제8장은 10퍼센트 사업 프로젝트의 모든 면에서 도움을 줄 사람들로 팀을 꾸리고 협업하는 방법을 다룬다. 적합한 인물을 찾아내고 실사하는 것부터 포트폴리오에 속한 벤처 사업에서 중요한 역할을 맡기기까지, '내 팀'을 꾸려 나가는 방법에 대해 알아보자.

성패는 결국 사람에게 달려 있다

어린 시절 나는 공부벌레였다. 공부를 잘하는 비결은 단 하나, 바로 시간을 투자하는 것이었다. 다른 누구보다 더 열심히 공부하고 더 많은 시간을 들여 준비하면 언제나 좋은 성적이 나올 거라 믿었다. 그런 전략은 한동안 효과가 있었지만 대학에 진학하고 나자 이야기가 달라졌다. 메인 주의 공립 고등학교 출신이었던 나는 사립 학교에서 발 빠르고 요령 있게 공부해 온 친구들을 따라가지 못했다. 성적이 나빠서 부모님이 열심히 번 돈을 낭비할까 봐 벌벌 떨었다. 마음속에서 더 열심히 준비해야 한다는 소리가 들려왔다. 대학에 입학하고 첫 몇 달간 커리큘럼에 나온 책은 물론이고 나오지 않은 책도 읽어야 한다는 압박감에 시달렸다. 그 결과 1학년 1학기는 대학 시절 최악의 학기로 남았다. 커리큘럼에도 포함되지 않은 내용을 머리에 집어넣느라 시간을 낭비한 결과였다.

3학년 때 교환학생으로 아르헨티나에 가면서 비로소 과열된 머리를 식힐 수 있었다. 아르헨티나 학생이 시험을 준비하는 모습은 가히 문화 충격이었다(심지어 사회주의적으로 느껴질 정도였다). 다른 대륙이 아니라 다른 행성의 대학에 온 것 같았다. 학기말이 되면 반에서 가장 필기를 잘한 학생이 모든 학생을 위해 노트를 복사해 주었다. 물론 최종 학점은 지적 능력과 시험 당일의 컨디션 그리고 노트의 내용을 얼마나 공부하느냐에 달려 있었지만, 어쨌든 검토해야 하는 모든 자료는 크라우드 소싱을 통해 자유로이 공유되었다. 누구에게 부탁해야 하는지만 알면 모든 문제가 해결되는 셈이었다.

사업을 할 때도 적절한 정보를 바탕으로 결정을 내리려면 누구에게 연락해야 좋은지 아는 게 중요하다. 팀을 이용하고, 자신이 찾아낼 수 있는 가장 똑똑한 사람들을 활용해서 필요한 정보를 얻고, 결정을 내리고, 발전해 나가야 한다. 10퍼센트 사업가가 되면 열심히 일하는 것만큼이나 현명하게 일하는 것이 중요하다. 사업할 때는 일한 시간의 양이 성공을 결정짓지 않는다. 자리를 지키느라 허비하는 시간 따위는 없다. 혼자서 오랫동안 일해 봤자 신용이 올라가지도 않고 금전적 보상이 주어지지도 않는다.

사업의 성공 여부는 시간을 얼마나 효율적으로 쓰느냐에 달려 있다. 누구에게 연락해서 도움과 조언, 피드백, 의견을 구해야 하는지 안다면 실질적으로 사업에 쏟는 시간에 비해 훨씬 더 큰 효과를 낼 수 있다. 모든 것을 직접 조사하느라 시간을 낭비하는 대신 내 인맥에 속하는 사람들이 오랫동안 닦아 온 전문 식견을 활용하자.

어떤 분야의 지적 자본이 부족하다면 인맥을 이용해서 빈자리를 메우자. 10퍼센트 사업 절차를 정리한 아래 도표를 보자. 제7장에서 본 것과 같다. 여기에는 단계마다 주변 사람들의 지식과 재능을 활용하는 방법을 소개했다.

10퍼센트 사업 절차와 팀의 역할

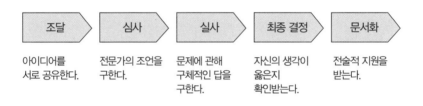

조달	심사	실사	최종 결정	문서화
아이디어를 서로 공유한다.	전문가의 조언을 구한다.	문제에 관해 구체적인 답을 구한다.	자신의 생각이 옳은지 확인받는다.	전술적 지원을 받는다.

자, 그렇다면 실전에서는 어떻게 해야 할까? 엔젤베스트 같은 그룹에서 볼 수 있듯이 인맥을 갖추면 다양한 사업 기회를 조달받을 수 있다. 심사 단계에서는 사업 기회가 당신의 기본 기준과 맞아떨어지는지 간단한 조언을 구해 볼 수 있다. 실사 단계에 들어가면 팀이 지닌 전문 식견을 이용해서 당신이 조사한 내용의 빈 구멍을 메우고 떠오르는 의문에 대한 구체적 답을 구해야 한다. 최종 결정을 내릴 때는 소위 임시

투자위원회에 참여하여 상황 파악을 해 줄 만한 사람들에게 조언을 구하면 된다. 끝으로 계약을 문서화하는 데 법적 혹은 여타 기술적 도움이 필요할 경우 시간을 절약하고 현명한 결정을 내리기 위해 전문가에게 도움을 청하는 것이 가장 좋은 방법이다. 인맥을 쌓아 두면 모든 단계에서 도움을 받는다.

보다시피 사업 절차는 단순히 현명한 결정을 내리는 데 필요한 정보를 찾아 헤매는 데서 그치지 않는다. 앞 페이지의 도표에 나온 여러 가지 일을 처리하다 보면 팀을 꾸리고 상호 이익을 얻을 수 있는 인간관계를 만들어 나가는 데 큰 도움이 된다. 뭘 하든 주변에 인재가 많으면 사업을 훨씬 탄탄하고 효과적으로 운영할 수 있다. 게다가 지적 자본, 기회, 아이디어, 도움을 얻고 이후 파트너로서 손잡을 수도 있다. 그러려면 장기적 시각에서 사람들을 사귀고, 주변에 적절한 사람들이 모이면 그 힘을 빌려 성공을 일구고 결실을 함께 나눠야 한다. 당신만 상대의 조언과 도움을 받는 것은 아니다. 당신도 상대를 도와야 한다. 상대가 당신을 돕듯 당신 또한 남들을 도울 방법을 찾아내서 선순환의 발판을 만들자. 상대가 자신의 '10퍼센트'를 운용하는 과정에서 당신의 '10퍼센트'에 속하는 사업에 함께 투자할 수도 있다.

이른바 '내 팀'의 성격은 과거에 함께 일해 온 팀과 다르다. 정해진 업무, 코치, 상사 따위는 없다. 목표는 융통성을 발휘해서 함께 일하고 협업할 수 있는 사업 기회를 만드는 것이다. 지금 당장 점수를 따거나 돈 몇 푼 버는 것보다 계속 성공을 일구기 위해 필요한 인적 자본을 쌓아 나가는 것이 중요하다. 당신과 함께 일하며 서로 발맞추어 나갈 공동체를 만드는 것도 중요하다. '내 팀'은 모든 것이 나를 거쳐야만 하는 터미널형 네트워크가 아니다. 내가 끼지 않더라도 비슷한 생각을 지닌 사람들이 함께 협업할 수 있도록 이어 주는 힘을 지닌 모임이다. 덕분에 내 힘을 직접 쓰지 않고도 사업을 해 나가거나 지적 자본을 공유할 수 있는 것이다.

'내 팀'의 장점은 모든 당사자가 협업하는 시스템에 있다. 그러므로 내가 아는 사람들을 밀접하게 연결해 주는 것이 중요하다. 공통의 관심사를 이용해서 사람들을 연결해 주다 보면 일은 자연스레 풀려 나갈 것이다. 지난주에 소개한 두 사람이 다음 주에는 사업 파트너가 될 수도 있다. 그들이 함께 일한다면 나에게 사업에 합류하지 않겠느냐고 물어볼 가능성도 상당히 높다. 내가 끼지 않아도 내 인맥이 알아서 굴러가는 셈이다.

10퍼센트 사업가의 네트워크

터미널형 네트워크   10퍼센트사업가형 네트워크

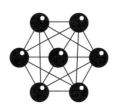

내가 마셀로 캠베로스와 니어 리버보임을 처음 이어 준 건 리얼 인플루언스에서 일할 때였다. 캠베로스는 화장품 회사를 상대로 홍보할 때 조언해 줄 사람을 찾았고, 리버보임은 그 분야를 훤히 꿰고 있었다. 당시 둘은 직접 동업을 하지는 않았지만 리버보임은 많은 도움을 주었고 캠베로스의 아이디어를 존중했다. 그때는 몰랐겠지만 리버보임은 리얼 인플루언스의 일을 도와준 덕분에 이후 환상적인 투자에 참여하는 티켓을 따냈다. 리버보임을 눈여겨본 캠베로스가 잎시의 초기 투자자로 참여하는 기회를 주었던 것이다. 내가 캠베로스에게 소개했을 때 리버보임이 귀찮아서 연락하지 않았다면 어땠을까.

10퍼센트 사업가라면 남의 도움만 받을 수는 없다. 유능한 사람들이 당신이 연락할 때 즉시 응답하길 바란다면 그만큼의 혜택을 보장할 수 있어야 한다. 좋은 업을 쌓으라는 말이 아니라 장기적으로 사고하는 게 중요하다는 뜻이다. 오늘 당신이 누군가에게 도움을 청했다면, 내일은 당신이 도움을 베풀어야 한다. 도움을 청한다고 해서 상대의 시간을 많이 빼앗을 필요는 없다. 해당 업계나 경영진을 잘 아는 누군가에게 기본 자료를 보낸 뒤 피드백을 해 달라고 하면 된다. 필요한 정보를 받았다면 감사의 말이 담긴 이메일을 정성껏 써 보내고 일을 마무리 짓자. 당신을 잘 알고 신뢰하는 사람들은 흔쾌히 부탁을 들어줄 것이다.

단, 장기적으로 본다면 그들을 당신의 프로젝트에 영입하고 당신의 활동에 끼워 넣을 방법을 찾는 편이 더욱 바람직하다. 그렇게 해 두면 네트워크를 구성하는 사람이 늘어나므로 더 많은 성과를 올릴 수 있기 때문이다.

이제 팀을 꾸리는 요령을 배웠으니 똑똑하고 재능 넘치는 사람들과 협업할 기회도 늘어날 것이다. '내 팀'에 더 많은 이들을 영입할수록 좋다는 사실을 기억해 두자. 시간이 흐를수록 내가 쌓은 인맥은 알아서 돌아갈 것이다. 인맥이라는 기계가 작동하기 시작하면 언제, 어디서, 어떤 사업에 참여할 것인지 직접 선택할 수 있다. 주변 사람들의 다양한 능력이 당신의 커리어에도 반영될 테고, 때로는 생각지도 못한 방식으로 이들의 덕을 볼 수 있다. 정말 신나는 순간이다. 인맥을 다각화해 두면 당신이 직접 끼어들지 않아도 일이 저절로 풀려 나간다. 어떤 일을 하든 인맥은 놀라울 만큼 도움이 될 테고, 기대 밖의 이득을 얻을 수 있을 것이다.

몇 년 전 투자 펀드를 시작한 친구 수켄 샤에게 지인을 소개해 준 적이 있다. 둘이서 어떻게 힘을 합치면 좋을지는 잘 알 수 없었지만, 어쩐지 서로 공통점을 찾을 것 같았기 때문이다. 실제로 두 사람은 몇 주 뒤 던킨 도넛에서 만나 완전한 파트너십으로 이어지는 첫발을 떼었다. 1년 뒤 샤가 보낸 이메일을 받았다. 둘이 함께 인수하기로 결정한 기업의 세부 사항과 더불어 그를 소개해 줘서 고맙다는 말이 쓰여 있었다.

그뿐만이 아니었다. 감사하는 마음을 담아 내게 회사의 지분을 선물하기로 결정했다며 해당 지분에 대한 세부 사항도 첨부해 놓았다. 그 메일을 받고 비로소 내 인맥이 스스로 움직이기 시작했음을 깨달았다. 나도 모르는 사이에 내가 만든 인맥이 초과 근무를 하고 있었던 것이다.

내 이름을 브랜드화하라

인맥을 쌓기 전에 먼저 자신이 어떤 사람인지 생각을 정리해 둬야 한다. 인맥을 쌓는 과정에서 많은 이들과 이야기를 나눌 텐데, 서로의 시간을 낭비하지 않으려면 당신이 누구이며 어디로 가는지 명확하게 설명해야 하기 때문이다.

제6장에서 일에 관련된 자기 소개를 준비했을 것이다. 그때는 몰랐겠지만 자기 소개를 준비하는 과정은 사실 자기 자신에 대한 실사와 같다. 소개글을 쓰면서 빈 구멍을 메우고, 상대가 이해하기 쉽도록 커리어의 모든 요소를 한데 묶었을 것이다. 그 자기 소개를 바탕으로 내 브랜드와 내가 상대에게 제안할 수 있는 것이 무엇인지 생각해 보자.

알다시피 처음 10퍼센트 사업 프로젝트를 시작했을 때 나의 자기 소개는 그야말로 엉망이었다. 내 인생사를 돌아보고 제대로 정리하기 전에 지금까지 해 온 일들, 품고 있는 꿈들에 대해 주절거려서 (나 자신과) 상대를 혼란에 빠뜨렸다. 그 뒤 경험을 통해서 내가 세상에 내보이는 이미지야말로 사람들이 나를 보는 이미지라는 사실을 깨달았다. 그렇기 때문에 짧은 피치를 탄탄하게 준비해 두어야 한다. 당신의 역량과 하고픈 일을 몇 문장으로 설명할 수 있다면, 상대는 당신이 어떤 사람인지 쉽게 이해하고 당신의 자신감, 신뢰감, 목표를 향한 의지를 느낄 것이다.

중국에서 활동하는 젊은 사업가인 개빈 뉴튼탠저를 다시 살펴보자. 그는 효과 만점의 피치를 개발했고, 고문으로 영입할 만한 인재와 만날 때면 각각에 맞는 메시지를 작성했다. 메시지는 상대가 회사의 성공에 어떤 영향을 줄 수 있는가를 강조했다. 물론 이렇게 하려면 조사하고 숙고한 뒤 많은 연습을 해야 한다.

피치를 만들고 싶다면 사전 작업을 해 두어야 한다. 친목 행사에서 누군가를 만났는데 뭐 하는 분이냐는 질문을 받았다고 치자. 당신이 10퍼센트 사업가라는 사실을 알릴 기회이니 제대로 대답하는 것이 중요하다. 제6장에서 해 둔 작업 덕분에 당신에게 필요한 기본 요소는 갖추고 있을 것이다. 이제 본업이나 몸담은 회사 등 상대가 쉽게 이해할 수 있는 요소를 먼저 제공한 뒤 당신의 10퍼센트 프로젝트와 연결하면 된다. 조금만 준비해 두면 놀라우리만큼 간명하게 자신을 표현할 수 있다. 가령 패트릭 리넨뱅크의 피치는 단 몇 문장으로 요약된다.

저는 패트릭입니다. 의사로서 일을 시작했다가 곧 비즈니스계로 옮겨 갔습니다. 경영 컨설턴트로 활동하는 사이 저는 의학 분야 경력을 이용해 분쟁 지역에서 활용할 수 있는 법의학 교육을 받았습니다. 그 과정에서 분쟁 지역의 보안에 관심이 생겼고 얼마 지나지 않아 제가 배운 지식을 모두 합쳐 보안 및 법의학 전문 기업을 세웠습니다. 이제부터 새로운 지역으로 성장해 나갈 기회를 찾고 있는데, 혹시 그쪽에 알고 계신 인재가 있을까요?

» 10퍼센트 사업 계획 5단계: 피치 다듬기

제6장에서 준비한 자기 소개의 짧은 버전을 다시 살펴보고, 그것을 바탕 삼아 피치를 만들어 보자. 아래 정보를 모두 포함해야 한다.

· 이름
· 당신이 하는 일
· 당신이 신뢰할 수 있는 전문가인 이유(현재 혹은 과거의 경력)
· 당신의 10퍼센트를 통해 달성하려는 목표

핵심은 당신의 본업을 알리고 10퍼센트 사업에 대해 간단히 설명한 다음 가능하다면 도움을 원하는 분야를 언급하는 것이다. 대화를 이어 갈 개략적인 기반을 제공하고 있다는 사실을 염두에 두자.

일단 피치를 마련했다면 앞으로 동업할 사람, 당신에게 투자 기회를 조달해 줄 사람 혹은 당신이 고문형으로 참여하고픈 기업 등 각기 다른 상대에 맞춰 내용을 어떻게 다듬을지 생각해 봐야 한다. 피치를 다듬으려면 상대에게 전해야 하는 메시지가 무엇인지 생각해 보면 된다. 예컨대 엔젤형이라면 "엔젤 투자자로서 유망한 기업에 투자하고 싶습니다." 하고, 고문형이 되고 싶다면 "제 지식과 인맥을 고문으로서 활용하고 싶습니다."라고 말하면 된다. 사업 파트너를 찾는다면 그에 맞춰 메시지를 다듬자. 에둘러 말하는 대신 직접 접근하자. 피치를 잘했다면 직접 말을 꺼내도 무방할 것이다.

물론 다음과 같이 말해도 충분했을 것이다. "내 이름은 본드요, 제임스 본드." 하지만 그가 경영 컨설턴트로 일한 경험이 있다는 사실은 알 수 없었을 것이다.

앞쪽의 내용처럼 피치를 준비할 때는 이력서에 언급한 갖가지 브랜드를 어떻게 통합할지 여러모로 생각해 보자. 대학, 과거 혹은 현재 일하는 기업, 10퍼센트의 벤처 기업 이름 등이 여기 속한다. 리스트 튜스의 힐리어 제닝스에게 10퍼센트 사업과 모교의 관계는 성공에 결정적인 영향을 미친 요소였다.

하지만 모교의 간판을 중요하게 보지 않는 사람도 있다. 이력서를 상대와 상황에 맞게 다듬어야 하는 이유다. 제대로 정리한 피치를 개발해서 선보인다면 사람들은 당신에 대해 더 알고 싶어 할 것이다. "무얼 하시나요?"라는 질문에 단답형으로 대답하지 않는 한 사람들은 좀 더 이야기하고픈 흥미를 느끼기 마련이다. 당신이 명확하고 자신 있게 말할수록 좀 더 자세한 내용의 대화가 이어질 가능성이 높아진다. 인맥을 쌓는 과정에서 자신과 비슷한 생각을 하는 사람들을 찾아내는 첫 단계가 시작되는 것이다.

피치를 제대로 작성했다면 자신감 있고 분명한 모습을 선보일 수 있을 때까지 연습하자. 피드백을 해 줄 만한 친구 또는 멘토와 함께 연습한다.

인재는 어떻게 영입하는가

인맥이야말로 성공의 가장 큰 요인이었다고 주장하는 이들이 많긴 하지만, 사실 인맥을 쌓는 과정은 놀라우리만큼 많은 시간을 잡아먹는다. 한때 인맥 쌓기 중독이었던 나는 그 교훈을 힘겹게 배웠다. 인맥을 쌓는다는 미명 아래 커피를 마시고, 술자리를 갖고, 밥을 먹느라 엄청나게 많은 시간을 보냈던 것이다. 탓할 사람은 나뿐이었다. 순수한 마음으로 새로운 사람들을 만나는 게 좋았고, 누구를 만나든 언제나 뭔가를 배울 수 있다고 믿었으니까. 물론 많은 이들과 친목을 다지긴 했지만 나는 그 과정에서 분명 상당한 시간과 에너지를 낭비했다.

인맥을 쌓는 방법을 가르쳐 줄 사람은 없다. 동네 놀이터에서 시작하여 업계 친목 행사에 이르기까지, 인생을 살면서 각자 천천히 배워 나갈 뿐이다. 사람들은 온갖 친목 행사가 과연 의미 있는 성과를 내는지 생각하지 않는다. 커피를 마시며 수다를 떨거나 잠깐 미팅을 하거나 업계 컨퍼런스에 참석하는 등 친목을 쌓는 다양한 방법이 있지만 결과물은 사실 미미하다. 사회 초년생이라거나 커리어에서 큰 변화를 겪고 있다면 가능한 한 많은 사람을 만나는 게 바람직하겠지만 다양한 업무를 처리해야 할 때는 많은 행사에 일일이 얼굴을 내밀기가 쉽지 않다. 아무런 성과가 없다면 명함을 받아서 쌓아 둘 필요도 없을 것이다.

사업 기회를 조달받을 경로를 만들든, 사업에 참여할 투자자를 찾든, 지주 세입자를 구하든 인맥을 쌓아 두면 큰 도움이 된다. 전술적으로 인맥을 쌓는 한편 다양한 사업 기회를 찾아내기 위해 사방에 인맥의 그물을 던지고 싶겠지만 실은 시스템으로 사고하는 편이 훨씬 더 이득이다. 시스템으로 인맥 쌓는 연습을 한다면 투자한 시간에 비해 훨씬 큰 효과를 볼 것이다.

우선 기존의 인맥에서 시작하자. 1단계는 가족과 친지다. 이들은 당신을 가장 아끼는 사람들이다. 당신은 그들을 믿고, 그들도 언제나 당신을 돕고자 한다. 2단계는 주소록을 뒤지고 링크트인과 소셜미디어 플랫폼을 검색하는 것이다. 3단계에 임할 때는 아까 준비해 둔 자기소개글을 읽어 보자. 현 직장 혹은 이전 직장에서 만난 동료, 사업상 아는 인물, 동기 중 도움을 줄 법한 사람을 목록으로 정리하겠다는 목표를 염두에 두고 읽어야 한다. 이렇게 해서 기존의 인맥에 연결되어 있고, 당신에게 도움을 줄 사람이 누구인지 알아 둬야 한다. 이미 아는 사람들 사이에서 원하는 것을 얻을 수 있는데 군이 온갖 노력을 기울여 새로운 사람을 만날 필요는 없다. 게다가 위에 언급한 이들이야말로 당신의 피치에 가장 적극적인 반응을 보일 것이다.

직접 만나고, 전화를 걸고, 심지어 생일 파티나 바비큐 파티에서 친목을 다지는 등 다양한 경로를 통해 인맥을 활성화하고 기회를 만들어 낼 수 있다. 이 같은 경로를 삶의 나머지 분야와 통합해 나간다면 일은 더욱 쉬워질 것이다. 일상적인 행사를 통해 잠깐 마주칠 때마다 조언을 구하거나 소개해 달라고 청하자. 대화 내용은 기록해 두자. 이후 간간이 후속 조치를 취할 수 있도록 아이디어와 조언을 적어 두는 것이다. 또한 이기적으로 행동하지 말고 상대가 조언해 준 데 대한 보답으로 당신이 뭘 도와줄 수 있는지 물어보자. 이 또한 내 인맥을 탄탄히 다지는 데 도움이 될 테니까.

기존의 지인을 통해 적절한 인물을 찾을 수 없거나 인맥 밖의 사람들과 소통해야 한다면 무턱대고 접근하는 수밖에 없다. 컨퍼런스에 참석해서 연사에게 접근하거나, 엔젤 투자자 그룹에 연락하거나, 근처 대학의 창업 지원 담당자에게 연락하거나, 신문 기사에서 읽은 사람에게 전화를 거는 것 등이 해당된다. 분야와 배경에 따라 다르겠지만 무턱대고 연락하는 것은 생각보다 놀라운 성과를 낼 수 있다. 사업가는 대개 개방적이며, 대부분 남에게 도움을 청한다는 것이 얼마나 어려운지 잘 알고 있다. 이 같은 공감대 덕분에 사업가라면 남의 요청에 반응을 보일 가능성이 높다. 지연, 학연 혹은 업무상 관련된 사람에게 접근한다면 응답을 받을 확률은 더욱 높아진다. 공통분모가 없더라도 제대로 메시지를 정리해서 끈기 있게 접근한다면 응답을 받을 수도 있다. 나는 설득력 있고 끈기 있는 사람은 꼭 만나 보는 편이다.

무턱대고 전화를 걸든, 예전 친구나 동료에게 연락해 보든 지켜야 하는 기본 예절과 상식이 있다. 사람들은 하루에도 수십 통 혹은 수백 통의 이메일을 받는다. 요점도, 읽을 가치도 없는 메일을 보면 이마를 찌푸릴 수밖에 없다. 이메일을 쓰든 무턱대고 전화를 걸든 반드시 다음의 지침을 따르자.

- 개인 이메일을 사용한다.

- 성의 있고 간결하게 쓴다.

- 보편적인 미사여구를 쓰기보다는 자신을 드러낸다.

- 일반적인 내용을 복사해서 보내지 않는다.

- 서로의 공통점이나 인맥을 강조한다.

- 구체적으로 요청한다. 대체 무슨 부탁을 하는지 알아내기 위해 여러 번 메시지를 주고받고자 하는 사람은 없다

- 도와준 대가로 상대가 필요로 하는 분야에 도움을 주겠다고 제안한다.

- 언제나 정중하게 말하고 감사를 표시한다.

- 눈에 띄는 이슈가 있다면 후속 조치를 취한다.

- 곧바로 응답한다.

- 연락을 유지하고 추후 발전 사항에 관한 소식을 공유한다.

일단 연락했는데 일주일 안으로 답이 오지 않는다면 다시 메일을 보내거나 전화를 걸자. 바쁜 사람들은 도움을 청하는 최초의 이메일에는 답하지 않는 경우가 왕왕 있다. 이들은 공손함보다는 끈기에 반응한다. 물론 도움을 청하는 것과 진상이 되는 것 사이의 선을 그어 두어야 한다. 몇 번 시도했는데도 답이 없다면 다른 사람으로 옮겨 가자. 상대는 당신을 돕기에 너무 바쁘거나, 관심이 없거나, 내 팀에 끼고 싶어 하지 않는 것이다. 나중에 누군가를 바람맞히고 싶은 순간이 온다면

지금 이 순간을 떠올리며 거울로 삼자.

이 같은 노력의 성공 여부는 도움을 청할 때 상대를 배려하는가에 달려 있는 경우가 많다. 부탁을 하는 입장이라면 상대의 짐을 줄여 주자. 쉬운 일이라면 상대가 도와줄 확률도 높아진다. 예컨대 인맥을 소개해 달라고 청하려면 간결한 이메일을 쓰면 된다. 당신이 부탁하는 이유를 적고 그와 관련된 자료를 추가하자. 짧은 피치를 바탕으로 당신이 사업을 진지하게 추진하고 있다는 것을 보여 주자. 상대가 도와주겠다는 답을 보내올 경우, 소개받고픈 사람에 맞춰 깔끔하게 작성한 메시지를 보내자. 상대가 코멘트를 달아 소개해 줄 사람에게 메일을 전달하기 쉽도록 정리하면 된다.

한편 누군가를 소개하거나 공통의 관심사가 있는 두 사람을 연결해 줄 때는 소개하기 전에 당사자에게 먼저 물어보자. 독단으로 사람들을 소개하는 것은 무턱대고 이메일을 보내는 것보다 훨씬 더 빠른 속도로 신뢰를 무너뜨릴 수 있다.

인맥을 쌓으려는 노력은 열매를 맺기까지 조금 시간이 걸릴 수 있다. 기반을 다지고 있는 셈이니 인내심을 갖고 에너지를 투자한다면 성공 확률이 높아질 것이다. 준비하는 데 시간을 투자하는 것도 여기에 포함한다. 인맥과 10퍼센트 사업에 속하는 사람들을 제대로 파악할 수 있도록 목록을 정리해서 데이터베이스를 만들어 두자. 시간이 걸리겠지만 데이터베이스를 만들면 인맥을 쌓기 위해 다른 일들을 할때 탄탄한 기반이 되어 줄 것이다. 시스템으로 접근하면 효율도, 인맥이 잘 돌아갈 확률도 높아진다. 실버카의 피터 발로는 용건이 없어도 매주 지인 중에서 다섯 명을 골라 이메일을 보낸다. 연락을 유지하기 위함이다. 발로는 이런 원칙을 꾸준히 지키며 덕분에 인맥을 제대로 유지하고 있다.

인맥을 쌓는 활동의 핵심은 바깥세상에 뛰어드는 것이다. 어디서부터 시작해야 좋을지 모를 경우 대규모 친목 행사에 참가하면 단시간에 다양한 사람을 만난다. 피치를 미리 준비해 두었다면 행사 참가에 시간을 투자할 만한 가치가 있을 것이다. 이런 행사는 대개 특정 분야에 초점을 맞추고 있기 때문이다. 전 세계 180개국에 걸쳐 20만 개가 넘는 친목 집단이 2,200만 명의 회원을 거느린 채 온갖 주제에 관한 모임을 열고 있다.[1] 이는 당신 주변에서 찾을 수 있는 공식·비공식 친목 행사의 극히 일부에 지나지 않는다. 게다가 마음의 준비만 되었다면 일상에서 피치를 활용할 수도 있다. 저녁 식사 모임, 아이의 축구 경기, 대학 동창회 등 어느 자리에서든 당신을 도와줄 만한 사람과 인맥을 쌓는 것이다. 날씨에 관한 잡담 대신 더 의미 있는 이야기를 하고 성공의 씨앗을 심어 두자.

인맥을 데이터베이스나 스프레드시트에 정리해 두자. 사람들의 우선순위를 정해 두고, 10퍼센트 프로젝트에 도움이 될 만한 사람들에게 연락하자. 매주 직접 혹은 전화를 통해 대화를 나눌 최소 인원의 수를 정해 두자. 서로 주고받은 이야기를 메모하고 필요한 경우 후속 조치를 취할 수 있도록 연락처에 표시해 두자. 데이터베이스를 활용해서 인맥을 지속적으로 업데이트하고 정리하자. 전공 분야, 회사, 업계의 동향 등 상대의 최근 활동에 대해 구체적인 정보를 알았다면 적어 두는 것이 바람직하다. 사적인 경로를 통해 사람들을 만나든 모르는 사람에게 무턱대고 전화를 걸든 모두 데이터베이스에 기록해 두자. 덧붙여 어떻게 협업할 것인지 메모하고 후속 조치가 필요하다면 따로 표시하도록 하자.

> » 10퍼센트 사업 계획 6단계: 팀 꾸리기
>
> 나를 도와줄 수 있고 내 팀에 합류할 만한 모든 인물의 데이터베이스를 만들자. 아래 정리한 인적 자본을 바탕으로 작성하면 된다.
>
> - 가족과 친구
> - 주소록과 연락처
> - 경력
> - 링크트인 등의 소셜네트워크
> - 당신이 속한 사교 모임
> - 지금까지 모은 명함
> - 학연을 통해 만난 사람
> - 업무상 만난 사람
> - 엔젤 투자자로 활동하면서 만난 사람

구체적으로 묻고
구체적으로 답하라

인맥의 힘은 단순히 자기 사람을 모으는 데서 끝나지 않는다. 실사를 하고 '10퍼센트'에 속한 사업을 성공적으로 이끌어 나가기 위해 협업해야 한다. 자신이 아는 것을 확실히 해 두고 모르는 문제는 무엇인지 염두에 두자. 망설이지 말고 질문하자. 물어보지 않고 넘어간 부분이 실수로 이어질 수도 있다. 모든 정보는 당신에게 도움이 되며 정보를 얻는 것은 모르는 부분을 아는 척하며 자존심을 세우는 것보다 더 중요하다. 목표는 사업 기회에 당신의 시간과 자원을 투자할 만한 가치가 있는지 평가하는 것이다. 그런 다음 심사를 통과한 인맥을 삶과 커리어에 녹여 넣을 수단을 강구해야 한다. 사업 기회의 타당성에 관해 아직 의문이 남는다면, 사업 기회를 조달할 때와 같은 전략을 활용해서 유용한 식견이 있는 사람들로 팀을 꾸리자.

이 시점에서는 구체적인 질문에 대해 구체적인 답을 얻어 내야 한다. 해당 분야에서 당신보다 경험이 많은 사람들의 지적 자본을 이용한다면 충분히 가능한 일이다. 당신의 판단력을 이용해서 정보를 모으고 연구 결과를 평가하되, 결정을 내릴 때는 당신보다 좋은 위치에 있는 사람들의 조언을 받자. 가령 맨해튼의 해산물 시장에 관해 알고 싶을 땐 루크 홀든과 이야기하면 된다. 투자자의 입장에서 소매업을 어떻게 바라보는지 궁금하다면 파라 칸 같은 사람을 찾아보자. 정보, 조언, 새로운 관점을 제공해 줄 사람들을 찾아내기만 한다면 실사 과정에서 떠오르는 질문에 대한 답을 쉽게 얻을 수 있다.

실사를 하는 동안에는 내 인맥 안에 있는 모든 지적 자본과 지식을 활용해야 한다. 내 팀을 꾸려 두었다면 모든 전문가의 종합적 지혜를 활용하자. 이들은 당신에게 부족한 통찰력과 역량을 지니고 있기 때문이다. 전문가와 나누는 내실 있는 통화나 잡담은 실사에 드는 시간을 절약해 주고 당신을 올바른 방향으로 이끌어 주며 문제를 겪지 않도록 방지해 줄 수 있다. 이들에게 배우는 모든 것은 시장, 제품, 성공 확률을 좀 더 제대로 이해하는 데 필요한 도구를 갖춰 주는 동시에 적절한 질문을 던지고 사업 기회의 타당성을 평가하는 데 도움이 된다. 물론 당신의 의견을 염두에 두고 건전한 수준의 비판적인 태도를 유지하며 남의 의견에 무턱대고 휘말리지 않도록 주의해야겠지만 인재와 대화를 나누다 보면 훨씬 더 현명해진 자신을 발견할 것이다.

향후 엔젤형, 고문형, 창업자형으로서 공식적으로 사업을 시작할 때 당신을 도와줄 수 있는 전문 역량을 가진 사람도 함께 찾아보자. 신생 기업의 파트너가 되면 많은 업무를 처리해야 하므로 특정 지식이나 전문 역량이 필요할 때 누구에게 연락하면 좋은지 꼭 알아 둬야 한다. 사업 기회를 조달하거나 실사를 하기 위해서 인맥을 쌓는 사이 풀타임, 파트타임 혹은 유동적으로 신규 사업에 참가할 수 있는 인재를 찾아보자. 성장하는 회사는 온갖 종류의 업무를 해야 하므로 주어진 시간 안에 적합한 사람을 찾을 곳을 안다면 큰 도움이 된다. 프리랜서, 은퇴하거나 은퇴를 준비하는 사람들을 아는 것도 여기에 포함된다. 이들은 당신의 투자를 성공시키는 데 필요한 일을 직접 해 줄 사람이며, 비용을 절감하고자 하는 신생 벤처 기업에는 무척 귀중한 존재다. 언제든 연락할 수 있는 전문가로 구성된 인맥 특공대를 마련해 둔다면 인재를 소개해 달라며 당신을 찾는 사람도 많아질 것이다.

　몇 년 전 친목 행사에서 모바일 사용자 인터페이스 및 제품 디자이너 토머스 쿼리를 만났다. 쿼리가 자기 소개를 했을 때 나는 지인 중에 모바일 어플을 개발하는 사람이 하나도 없다는 사실을 깨달았고, 그 대화를 뇌리 깊이 박아 두었다. 그는 그 뒤로도 지속적으로 연락해 왔다. 두어 달마다 연락해서 뭔가 도와줄 일이 없는지 물었다. 덕분에 친구가 인터페이스 디자인을 전공한 지인이 없느냐고 물었을 때, 나는 누구에게 연락하면 좋을지 알고 있었다. 하지만 쿼리가 실력을 갖추었는지에 대해서는 뭐라 평할 수 없었으므로, 직접 만나서 그의 포트폴리오를 검토하고 잘 맞는지 보는 건 어떠냐고 권했다. 그 결과 둘은 서로 잘 맞았고 같이 일하기 시작했다. 몇 달 뒤 비슷한 요청을 받았을 때도 쿼리를 추천했다. 이번에는 쿼리가 친구의 기업에서 올린 성과에 대해서도 말해 주었다. 쿼리는 그 이후로도 내가 아는 수많은 사람들과 함께 일했다. 그가 보답으로 뭔가 도울 일이 없느냐며 잊지 않고 물어봐 주는 것이 고맙다. 그는 나를 비롯하여 내 인맥에 속하는 사람들과 함께 일하는 것이 서로 도움을 주는 과정이라는 사실을 잘 이해한다. 그래서 엔젤 투자자형, 고문형 혹은 그저 비슷한 생각을 하는 사람들끼리 모임을 가질 때 누가 소개해 줄 만한 사람이 없는지 물으면 나는 즉각 쿼리를 추천한다. 재능 있는 디자이너를 도울 수 있을 뿐 아니라 내 포트폴리오에 속한 기업의 가치를 높여 주고, 내 팀에 속한 사람들이나 파트너와 깊은 관계를 다질 수 있기 때문이다.

구글 테스트

인맥을 쌓는 행사에 속옷만 입고 가지 않듯, 온라인에서도 복장을 제대로 갖추는 것이 중요하다. 온라인상의 신뢰도를 높이면 영향력 있는 인맥을 쌓을 확률이 높아진다. 최소한 모든 경력을 정리해서 링크트인 페이지를 업데이트해 두자. 자기 소개를 쓴 경험을 바탕으로 경력과 목표를 한데 묶은 통합 프로필을 작성해서 링크트인에 올려 두는 것이다. 단, 경력을 부풀리지는 말자. 이유는 모르지만 사람들은 온라인에서 허풍을 떠는 경우가 많다. 자신을 '입지전적인 사업가'라고 묘사할 경우(가장 자주 보이는 표현이다), 빌 게이츠나 오프라 윈프리라면 몰라도 그 외의 99.99퍼센트는 허풍에 불과하다. 경력과 자기 소개는 진솔하게 써 두자. 상대가 당신을 좀 더 진지하게 받아들이고, 당신이 전하고픈 메시지도 자연스레 전달될 것이다.

10퍼센트 사업을 해 나가는 과정에서 당신의 브랜드 파워를 올리고 싶다면 인터넷상에서 입지를 넓히는 것부터 시작하자. 사람들은 온라인에 뜬 내용을 액면 그대로 믿기 때문에 인터넷을 이용하면 놀라우리만큼 효과적으로 신뢰도를 올릴 수 있다. 목표는 간단하다. 누군가 구글에서 당신 이름을 검색할 때(즉 '구글 테스트'를 할 때) 당신이 해당 분야의 권위자인 것처럼 보이게 하는 것이다. 블로그를 개설하든, 해당 분야의 관련 저작물에 기고하든, 트위터를 하든, 컨퍼런스에서 강연을 하거나 텔레비전에 출연하든 이 모든 활동은 당신의 신뢰도를 높이고 당신이라는 브랜드를 알린다. 당신이 시간을 들여 만나 볼 만한 가치가 있는 사람이라는 것을 상대에게 전달하는 데 큰 도움이 될 것이다.

나도 실제로 시도해 보기 전까지는 이런 접근법에 회의적이었다. 예전에 간간이 구글에서 내 이름을 검색하면(당신도 분명히 해 봤을 것이다), 네슬레 퓨리나Nestle Purina의 전 CEO인 패트릭 맥기니스에 대한 온갖 정보에 밀려 눈에 띄지 않을 정도였다. 하지만 나라는 사람의 브랜드를 강화시켜 나가겠다고 결심한 뒤 우선 온라인상에서 내 존재감을 높이기로 했다. 첫 단계는 개인 블로그였다. 내 강점에 맞는 주제에 관해 글을 쓰기 시작했고, 샘플이 될 만한 글 몇 편을 《허핑턴 포스트》The Huffing Post에 보냈다. 무턱대고 연락했는데 다행히 신문사 측에서 글을 기고해 달라고 청했다. 한편 무료 온라인 툴을 이용해서 나라는 사람을 파악할 수 있는 웹사이트도 개설했다. 내 관심사와 연관된 여타 온라인 저작물에도 글을 기고하기 시작했다. 그러고 나니 낯모르는 상대에게 무턱대고 메일을 보내야 할 때면 관련된 블로그 글이나 내 웹

사이트의 링크를 첨부할 수 있었다. 이메일의 응답률은 눈에 띄게 늘어났다. 이제 내 이름을 구글에서 검색하면 나에 대해 상당량의 정보를 제공해 줄 수많은 링크가 뜬다. 이제 퓨리나의 패트릭 맥기니스가 구글을 점령한 유일한 패트릭은 아닌 것이다.

온라인에서 어떤 전략을 펼칠 것인가는 각자 알아서 결정하면 된다. 나처럼 온라인에서 '10퍼센트'에 관한 생각을 드러내도 좋고 언급하지 않아도 괜찮다. 물론 아예 온라인 활동을 거의 하지 않을 수도 있다.

자신을 남에게 선보일 때 신뢰를 심어 줄 수 있는 몇 가지 기본 방안에 대해 좀 더 알아보자. 돈과 시간을 조금 투자해서 도메인을 사고, '기업' 이메일을 만들고, 명함을 맞추고, 크라우드 소싱으로 로고를 제작해 보면 어떨까. 이런 일은 무료로 할 수 있거나 거의 돈이 들지 않지만 엄청난 차이를 만들어 낸다. 너무 쉬운 방법이어서 요즘은 누군가 핫메일 계정이 박힌 촌스러운 명함을 내밀면 조금 놀랄 정도다. 쉽고 저렴하게 내 브랜드를 강화하는 방법이 있는데 굳이 아마추어처럼 보일 이유는 없다.

평판이 성공의 열쇠다

평판은 화려한 명함과 근사한 로고보다 훨씬 중요하다. 사람들은 당신의 과거와 남들이 당신에 대해 내리는 평가에 바탕을 두고 당신과 손잡을 것인가를 결정짓는다. 둘 모두 팀을 꾸리고 장기 파트너십을 만드는 데 필수 요소다. 당신과 함께 일하려는 사람이 없거나 당신의 정직성을 의심받는다면 선택지는 좁아질 수밖에 없다. 사람들의 기억은 커리어와 마찬가지로 오래도록 남으며, 모두가 점점 긴밀하게 연결되어 가면서 세상은 더욱 좁아졌다. 오늘 내리는 결정이 내일 고급 인재를 영입할 때 직접적인 영향을 미칠 것이다.

전화가 오면 진동하는 팔찌 메미MEMI를 현실화하기 위해 레슬리 피어슨이 크라우드 펀딩 사이트인 킥스타터Kickstarter에서 캠페인을 시작했을 때, 어린 자녀를 둔 여성 고객층은 어마어마한 반응을 보였다. 피어슨은 완벽한 인재이자 회사의 창업자였다. 세 아이의 어머니이고 전직 경영 컨설턴트였을 뿐 아니라 엔젤 투자자로 활동했으며 차세대 유아 용품을 제작하는 가전 회사 포맘스4moms의 이사를 맡고 있었다. 아이디어는 쓸 만했지만 혼자서 사업을 시작할 수는 없었다. 다섯 살도 되지 않은 어린아이가 셋이나 있었으므로 피어슨은 가족을 돌보는 데 집중하고 싶었다. 고민 끝에 전업으로 일해 줄 파트너 마고 제라드를 영입했다. 다이앤 본 퍼스텐버그Diane von Furstenberg와 바비 브라운Bobbi Brown에서 마케팅 임원으로 근무한 인물이었다. 피어슨은 제라드를 파트너로 영입한 뒤 메미를 10퍼센트 프로젝트에 끼워 넣고 나머지 시간은 가족에게 할애했다.

킥스타터에서 팔찌 10만 달러어치를 선판매하고 나자 곧《뉴욕 타임스》The New York Times와《테크크런치》TechCrunch에 기사가 떴다. 그러나 시장의 열광적인 반응에도 불구하고 사업 아이디어를 현실로 옮겨 놓는 것은 생각보다 쉽지 않았다. 컴퓨터 하드웨어를 만드는 복잡한 일과 씨름하는 사이 경쟁자가 목전까지 쫓아왔다. 애플 워치 같은 제품이 나타나서 한때는 경쟁자가 없던 시장을 갉아먹었다. 결국 피어슨과 제라드는 사업 운영을 중단하고 물건을 선주문한 사람들에게 환불을 제안했다. 사실 환불할 필요는 없었지만 그들은 평판을 중시했고 고객에 대한 도의를 지키고자 했던 것이다.

피어슨은 메미 사업이 배움의 경험이자 모험 그리고 궁극적으로는 실패였다는 사실을 알고 있다. 하지만 메미가 그녀의 마지막 사업이 되지는 않을 것이다. 목표가 컸고 초기 반응도 좋았지만 피어슨은 회사를 무리해서 늘리지 않았다. 최소한의 투자금을 유치했고 일이 잘 풀리지 않을 때를 대비해서 현금 자산도 보유했다. 덕분에 피어슨은 고객에게 도의적 의무를 다할 수 있었다. 그녀는 평판을 망치는 대신 사업을 할 때 파트너에게 도의를 지키고 책임을 다하는 사람이라는 것을 증명해 보였다.

신생 벤처에 투자할 때는 언제나 신념을 지녀야 한다. 투자는 탐험이나 취미가 아니다. 나라는 인간을 이루는 중요한 한 조각이 될 테니 제대로 시간과 주의력을 기울여야 마땅한 분야다. 사실 10퍼센트 사업 프로젝트에 얼마만큼의 에너지를 쏟아 부을 것인가는 무척 중요하다. 10퍼센트 사업의 성공은 남은 삶을 향한 새로운 문을 열어 주기 때문이다. 당연한 말이지만 당신도 다른 사업가와 마찬가지로 난관에 봉착

할 것이다. 장애물에 맞닥뜨렸을 때 당신을 구해 주고 앞으로 나아가도록 도와주는 것은 다름 아닌 당신 자신의 마음가짐이다. 제9장에서 보겠지만, 장기적으로 10퍼센트 사업을 키워 나갈 생각이라면 언제나 '100퍼센트'의 관심을 기울여야 한다는 점을 잊지 말자.

제3부

성공하는 사업에는
특별한 게 있다

·

THE 10% ENTREPRENEUR

제9장

나만의 해답을
찾아라

본업이라는 든든한 기반이 있다는 점은 일반 사업가와 다를지 모르지만, 10퍼센트 사업가도 명실상부한 사업가다. 회사의 이름 뒤에 숨는 대신 자신의 맨몸을 세상에 내보이고 리스크를 감수하며 미지의 영역에 발을 내딛기 때문이다. 사업은 가슴 뛰는 일이긴 하지만 결코 쉽지 않다. 특히 상황이 계획대로 흘러가지 않거나 난관에 부딪힐 때면 더욱 힘겹다. 그렇기 때문에 10퍼센트 사업가든 110퍼센트 사업가든 모든 사업가는 난관을 딛고 일어나는 회복력과 장기 비전을 향한 일관된 투자야말로 가장 중요한 성공의 발판이라는 사실을 잘 알고 있다.

케이티 턴서는 실패를 극복하는 회복력에 관한 한 둘째가라면 서러운 인물이다. 친구들은 고등학교를 졸업하고 대학에 입학하기 전에 하나같이 장기 배낭 여행을 떠났지만, 턴서는 군화를 닦고 새벽 훈련에 참가하기 위해 침대를 박차고 뛰어나갔다. '자아를 찾기 위해' 장기 배낭 여행을 떠나는 대신 치열한 경쟁을 뚫고 샌드허스트 육군사관학교의 1년 과정에 등록한 것이다. 윌리엄과 해리 왕자, 윈스턴 처칠, 요르단 후세인 국왕 등의 유명 인사가 거쳐 간 학교다. 열여덟이라는 감수성 풍부한 나이에 턴서는 일개 중대를 지휘했다. 부하 중에는 턴서보다 나이가 두 배나 많은 군인도 있었다.

10년이 지난 뒤 턴서는 한 번 더 국민을 위해 헌신하겠다고 마음먹고 '스코틀랜드 야드'라는 별명으로 알려진 런던 경시청의 관리직을 맡았다. 한편 아이를 낳아 가정도 꾸렸다. 그런데 엄마가 되고 나니 아이를 챙기느라 운동하며 건강을 돌보는 게 어렵다는 사실을 깊이 체감했다. 그녀는 바쁜 여성이 건강을 챙길 수 있는 방법을 찾다가 온라인 및 오프라인 피트니스 프로그램 '달려라 엄마'Ready Steady Mums의 사업계획을 짜기 시작했다.

본업에 힘쓰는 한편 아이를 길러야 했던 턴서는 회사를 창업하려면 혼자 힘으로는 역부족이라는 사실을 깨달았다. 기술담당자를 고용하고 자문위원회를 꾸렸으며 같은 비전을 공유하는 수천 명의 엄마들과 힘을 합쳤다. 그녀는 직접 짠 팀과 엄마들의 지원을 등에 업고 크라우드 펀딩을 시작하여 100여 명이 넘는 투자자로부터 10만 달러에 가까운 자금을 모았다. 크라우드 펀딩이 성공한 덕분에 BBC에서는 턴서를 2014년 '100인의 여성'으로 꼽기도 했다.

시작은 좋았지만 '달려라 엄마'는 운영상 손익분기점에 다다르지 못했고 결국 문을 닫아야 했다. 턴서는 책임감 있게 사업을 마무리 짓기 위해 거액을 투자한 투자자에게 직접 연락하여 상황을 설명했다. 투자자가 보내 준 성원은 감동이었다. 다음에 자금이 필요하면 꼭 연락하라고 말해 주는 투자자도 있었다.

턴서는 자신의 목표를 유지하는 데도 성공했다. 영국 전역의 가정을 살피는 비영리 기구의 후원을 받아 '달려라 엄마'를 다시 가동한 것이다. 수익을 내야 하는 사업으로서는 적당하지 않았지만, 비영리로 운영되는 '달려라 엄마'는 지금도 엄마가 된 영국 전역의 여성에게 큰 도움을 주고 있다.

전업 사업가와 마찬가지로 10퍼센트 사업가 또한 실패할 수 있다. 10퍼센트 사업가는 잃을 것이 훨씬 적다는 점만 다를 뿐이다. 리스크를 감수하고 자원을 벤처에 투자했는데 실패하거나 난제에 맞닥뜨렸다면 어떻게 대응할지 결단을 내려야 한다. 턴서는 '달려라 엄마'가 지속 가능한 사업이 아니라는 사실을 깨달았을 때 정공법을 택했다. 투자자에게 사실을 털어놓고 충성스러운 고객과 자신의 비전을 위해 처음의 목표를 살려 둘 방법을 찾아냈다. 공익에 이바지하고 싶다는 바람이 컸던 그녀는 사익을 채우는 것보다도 자신의 목표를 중시했으므로 큰 그림에 초점을 맞추어 '달려라 엄마'를 비영리로 유지했다. 회복력을 발휘한 것이다.

10퍼센트 사업 프로젝트는 내가 하는 일의 일부일 뿐이므로 상황이 잘 풀리지 않을 경우 손을 털고 본업에 집중하면 된다. 하지만 시간 자본과 금전 자본의 측면에서는 모든 것을 쏟아 붓지 않았다 해도 감정적으로는 상당한 투자를 했을 것이다. 감정의 측면은 커리어가 지닌 다양한 측면 중에서도 자신의 관심사나 자신이 중시하는 사람들과 가장 긴밀하게 얽혀 있는 부분이다. 감정의 관점만 놓고 생각한다면 10 퍼센트가 아니라 100퍼센트를 투자했다고 볼 수도 있다.

10퍼센트 사업가도 사업가인 만큼 굳건한 정신력과 비전을 잃지 말고, 매일 하는 일들을 통해 궁극적인 목표에 한발짝 가까이 갈 수 있다는 점을 잊지 말자. 맑은 날도 궂은 날도 있겠지만 이는 어디까지나 자연스러운 현상이다. 일이 잘 풀리지 않을 경우 한발 물러서서 숨을 고르며 왜 사업을 시작했는지 기억하고 앞으로 손에 넣을 보상을 떠올리며 앞으로 나아가자.

난관을 돌파해 나가면서 회복력을 기르는 것은 전략상 필수 요소다. 10퍼센트 사업 계획을 짜고 면밀히 준비하며 인맥을 쌓는 것만큼이나 중요한 요소인 것이다. 지금까지 밟아 온 여러 단계에 비해 감정이 많이 얽혀 있는 부분이며 그 어느 단계보다 자신의 역할이 중요한 부분이다.

사업에 수반되는 심리적인 측면에 대응할 수 있도록 정신적인 준비를 갖추어야 한다. 자신이 이룬 성공은 모두 운이라고 치부하는 것도, 우유부단한 탓에 결정을 내리지 못하는 것도 금물이다. 난관에 맞닥뜨려도 다시 털고 일어서자.

완벽하지 않아도 해답은 있다

사업 아이디어를 몇 가지 갖고 있으며 언젠가는 사업을 시작하겠다는 '사업가 지망생'은 많다. 하지만 말로만 떠드는 단계에서 벗어나 사업에 전력투구하는 사람은 극히 적다. 대부분은 사업 아이디어(일부는 꽤 괜찮은 것도 있다)를 머릿속에 넣어 두었다가 모임의 화젯거리로 쓰는 데 그치는 것이다. 이런 사업가 지망생은 열띤 어조로 말한다. "제가 나중에 뭘 할 생각이냐면 말이죠……." 남에게 발설하지 말라는 다짐을 받고 가상 사업 모델에 대해 소상히 설명한다. 몇 분이 지나면 대화는 다른 주제로 옮겨 가고, 사업 아이디어는 다음 모임이 열릴 때까지 머릿속 어딘가로 잦아들고 만다. 그러다가 어느 날 누군가 똑같은 사업 아이디어를 바탕으로 회사를 세우면 사업가 지망생은 땅을 치며 후회한다. 행여 그 사업이 성공하면 동네방네 떠벌리고 다닌다. "전에 내가 말한 아이디어잖아! 어떤 운 좋은 녀석이 내 아이디어로 떼돈을 벌고 있더라고!"

내가 바로 그런 사람이었다. 사회에 발을 들여놓은 뒤 10여 년간 '일거리는 회사에 두고 나온다'는 원칙을 충실히 지키는 부류였다. 본업은 돈을 벌기 위한 수단이었다. 가끔 초과 근무를 하기는 했지만 저녁 시간과 주말은 온전히 자유롭게 보냈다. 노동의 결실을 즐길 수 있는 개인 시간에 굳이 일거리를 찾아 나설 이유는 없다고 생각했다. 투잡이 즐거울 수도 있다거나 투잡 덕분에 본업의 스펙트럼이 풍부해질 수 있다는 것은 꿈에도 생각하지 못했다. 튼실한 사업 기회를 좇는 게 힘겹기는커녕 재미있어지리라고는 상상조차 못 했던 것이다.

그런 사고방식이 굳어진 것은 어린 시절부터 사무실 밖에서 개인적인 사업 기회를 좇는다는 생각 자체를 해 보지 않았기 때문이다. 우리 부모님, 사실 어린 시절에 알고 지낸 모든 아이의 부모님은 대기업의 지점이나 지역의 회사에서 일했다. 일이란 사무실, 슈퍼마켓, 미용실, 백화점, 식당 등 그분들이 하루 여덟 시간 동안 머물고 떠나는 순간 끝나는 것이었다. 물론 작은 사업장을 운영하는 사람들도 있었지만, 모두 구멍가게나 골목의 아이스크림 가게처럼 전업으로 운영하는 사업체였다. 회사에 다니든 가게를 운영하든 사람들은 직장에서 생계를 유지하는 돈을 벌고 나머지 시간은 가족과 함께 하거나 취미 생활을 하거나 여타 흥밋거리를 좇으며 보냈다.

다른 분야에서 성공을 이룬 경험이 있다 해도 자신이 사업가가 될 수 있다는 생각을 해 본 적이 한 번도 없다면 사고방식을 바꾸는 데 시간이 좀 걸린다. 그 밖에 사업을 시작하면서 겪게 되는 힘겨운 점은 유명한 기업의 직원을 상대할 때 지레 주눅 드는 현상을 들 수 있다. 당신 또한 나름 경력과 인맥이 있지만 회사원으로서 명함에 적힌 대기업의 이름을 대변하는 게 아니라 당신 이름만 걸고 상대와 마주할 때는 어쩐지 밀리는 기분이 들 수 있다. 10퍼센트 사업가라면 계속해서 당신을 사람들에게 알리고 당신이 내놓을 수 있는 자원이 무엇인지 보여 주며 과거의 경험과 인맥, 비전을 바탕으로 신뢰를 쌓아야 한다. 여러

해 동안 회사의 일원으로서 기업의 브랜드를 홍보하고 회사의 이미지를 바탕으로 일해 오다가 갑자기 맨몸으로 세상과 부딪치려면 적응하는 게 쉽지 않다. 우선 사용하는 용어부터 달라진다. "회사가……" 혹은 "저희가……"라고 말문을 여는 대신 "제가……"로 시작해야 하는 것이다.

회사의 평판, 근사한 사무실, 길고 화려한 스토리를 지닌 브랜드에 편안히 기대는 생활에 익숙하다면 아무런 가림막 없이 맨몸으로 세상을 상대하는 게 조금 불안할 수 있다. 사실 처음 일을 시작할 때는 자신이 사기꾼처럼 여겨질 수도 있다. 나도 예외는 아니었다. 오랜만에 다시 손에 넣은 자율적 환경에 적응하려면 노력이 필요하다. 본업의 영역 밖에서 일하면 불확실성도 커진다. 하지만 직접 세상에 나서고 상황에 다가서야 한다. 당신의 통제권 밖에 있는 외부 요인이나 상황과 씨름해야 하며, 최종 책임은 온전히 당신의 두 어깨에 있다는 것을 받아들이자.

유달리 자신감 넘치는 경우가 아니라면 테이블 건너편에 앉은 사람이 나를 우습게 보지 않을까 걱정하는 건 당연한 일이다. 사업에 첫발을 내딛는 것은 아이디어를 홍보하는 것과 같다. 엔젤형, 고문형, 창업자형 등 어떤 식으로 사업을 시작하든 시작 단계에서는 사업을 처음 시작하는 초보다. 바라는 목표를 이루고도 남을 만큼 역량이 충분하다 해도 자신이 '무늬만 사업가'인 건 아닐까 싶어 불안해할 수 있다. 성공을 이룰 때까지 진짜 사업가인 척해야 할 것만 같은 부담감도 스트레스가 되기 쉽다.

정도가 지나치지만 않다면 '무늬만 사업가'인 건 아닐까 하는 걱정은 사실 건전한 영향을 미칠 수도 있다. 겸손해 보이고 지나치게 들뜨지 않도록 해 주며 자신을 인정할 수 있는 지점에 가 닿을 수 있도록 동기를 유발하기 때문이다. 하지만 지나친 자기 회의는 불필요하다. 앞서 10퍼센트 사업 계획을 짜 두었으니 당신은 어디를 향해 가는지 어떻게 가야 하는지 알고 있다. 여기에 믿음직한 경험을 더한다면 사람들은 당신을 사업가로 받아들일 것이다. 본업이나 삶의 다른 측면을 통해 상대가 나를 익히 아는 경우 내가 어떤 역량이 있는지 이미 알 테니까 신뢰를 얻는 데 도움이 된다.

처음 만나는 자리라도 자신을 남들 앞에 선보일 배짱이 있고 적절한 스토리를 준비해 두었다면 상대는 적어도 그 점에 관한 한 당신을 존중할 것이다. 애초에 미팅 약속을 잡은 것 자체만으로도 상대의 마음이 열려 있고 상호 이익이 되는 부분을 찾기 위해 시간을 투자할 생각이 있음을 짐작할 수 있다. 일단 미팅이 성사되었다면 모든 것은 당신의 자신감과 기회를 최대한 활용하는 탄탄한 홍보 전략에 따라 좌우된다. 앞서 말했듯이 당신이 세상에 보여 주는 이미지는 남들이 당신을 보는 이미지와 거의 비슷하다. 첫 미팅에서 테이블을 사이에 두고 앉아 있으면 상대의 질문을 통해 당신이 어떤 이미지를 주는지 짐작할 수 있다. 상대가 던진 질문을 기억해서 그에 맞춰 접근법을 다듬은 뒤 다음 미팅에서는 당신이 먼저 그 질문에 대한 답을 제시하자. 상대가 당신에게 회의를 느끼는 원인을 제거해 나간다면 당신을 더욱 효과적으로 홍보할 수 있을 것이다.

10퍼센트 사업 프로젝트는 완성된 것이 아니라 점차 쌓아 나가는 거라는 사실을 염두에 둔다면 압박감을 조금 덜 수 있다. 앞으로도 계속 새로운 일을 시도하고, 아이디어를 시험하고, 잘되는 사업은 계속 투자하고 그렇지 않은 투자처는 내버릴 것이다. 10퍼센트 프로젝트를 계속 해 나가는 것은 스타트업을 창업하는 것과 같으며 나는 그 벤처의 창업자나 마찬가지라는 사실을 깨닫는 순간 왠지 자유로워지는 느낌이 들었다. 당신도 마찬가지다. 10퍼센트 사업 계획을 세워 두더라도 항상 모든 답을 알아야 할 필요는 없다. 리스크를 감수하고, 고정관념의 벽을 넘어서서 생각하고, 도움을 구하면 된다. 스타트업을 운영할 때는 누구나 그렇게 하기 때문이다. 또한 다시 계획을 돌아보고, 배우고, 발전하면서 계획을 수정할 수도 있다. 내 경우 그 사실을 깨닫고 나니 좀 더 자신감이 붙었고, 계속 앞으로 나아갔고, 난관을 만났을 때도 멈추지 않게끔 더 나은 준비를 할 수 있었다.

벽에 부딪혔다면 애초의 계획을 따르라

2014년 모르는 사람이 이메일을 보내왔다. 저널리스트 벤 슈레킨저였다. 《보스턴》Boston에 기사를 싣기 위해 FOMO fear of missing out(정보나 화제를 놓치는 것에 대한 두려움)라는 용어의 역사를 조사하다가 2004년 내가 학창 시절에 쓴 글에서 원전을 찾아낸 것이다.[1] 페이스북이 생겨나고 사회 구성원 모두가 연결되면서 FOMO라는 노이로제 현상이 전 사회에 확산되기 훨씬 전의 일이었다. 당시 소셜미디어는 아직 존재하지 않았지만 불안감을 조성하는 원인은 많았다. 닷컴 폭락과 함께 9·11 테러를 겪은 상태였다. 모두 조금은 트라우마를 입었고, 즐겁든 슬프든 무의식적으로 매 순간 최선을 다해 살기로 다짐했다.

사실 모든 것은 FOBO fear of a better option (더 나은 선택지가 있을지도 모른다는 두려움)에서 시작되었다. FOBO는 학교의 모든 학생이 뭔가 더 나은 것을 찾고 있는 현상을 설명하기 위해 학창 시절 내가 만들어낸 용어다. 당시 우리는 단순히 좋은 것만으로 만족하지 않고 더 좋은 것으로 갈아타고 싶어 했다. 모임에서 이야기하다 보면 상대가 나와 이야기하는 사이 다음에 말을 섞을 상대를 고르려고 방을 훑어보는 모습이 훤히 보였다. 여러 선택지를 무엇보다도 중요하게 여겼고, 더 나은 조건이 붙은 선택지가 나타날까 봐 어디에도 얽매이지 않으려 했다. FOMO는 그 반대편에 있는 개념이다. 재미있거나 특별한 경험을 놓칠까 봐 두려워서 어디에나 끼는 것이다. 그래서 FOMO를 겪는 사람들은 그냥 집에 있는 편이 더 좋을 성싶은 날도 약속을 두세 건이나 잡곤 한다.

FOMO와 FOBO는 서로 만날 수 없을 만큼 양극단에 서 있는 개념이며 내가 FODA fear of doing anything (모든 행동을 시작할 때 느끼는 두려움)

라고 부르는 마비 상태로 사람을 몰고 갈 수 있다. FODA는 행동을 시작하기에 앞서 최적의 선택지를 추구하는 사고방식의 산물이다. FOMO와 FOBO는 처음 신생 벤처에 투자할 때 특히 위험하다. 투자를 시작하면 일단 시작점을 벗어나서 뭔가 해 보고, 최초의 투자 계약을 맺고 싶어진다. 그런데 FOMO에 휩쓸리면 무작정 투자하는 오류를 범하기 쉽다. 기업의 근간이 튼실하다는 확신이 들 때 투자해야 하는데 기회를 놓칠까 봐 두려워 막무가내로 투자하는 것이다. 한편 FOBO에 휘말리면 실제로 존재하지 않는 완벽한 기회가 찾아오길 기다리느라 귀중한 시간을 낭비하고 만다.

물론 한동안 결정을 내리지 않고 추이를 보는 게 바람직할 수도 있지만 언젠가는 하나 혹은 몇 가지 사업 기회를 고르고 나머지 기회는 버려야 한다. 10퍼센트 사업가로 활동하다 보면 여러 가지 사업 기회가 품고 있는 상대적 리스크와 장점을 저울질하게 될 것이다. 완벽한 기회가 찾아오는 경우는 없다. 당신이 워런 버핏이고 투자자 군단을 거느리고 있다 해도 투자를 하려면 여전히 자기 자신을 믿고 리스크를 감수해야 한다. 사업의 성공을 결정짓는 요인은 언제나 자신의 통제권 밖에 있기 때문이다. 모호한 부분을 꼼꼼히 살필 수는 있겠지만 그 때문에 이러지도 저러지도 못하는 상태에 빠지는 것은 금물이다.

10퍼센트 사업 계획은 여기서 빛을 발한다. 지금까지 에너지와 지적 자본을 투자해서 목표, 자원, 관심사에 맞는 10퍼센트 사업 계획을 짜 두었을 것이다. 사업 참여 여부를 정할 때는 조건을 상대적으로 검토한 뒤 결정 내리는 것이 아니라 절대적 관점에서 검토해야 한다는 사실을 명심하자. 지금까지 밟은 과정을 이용하면 사업 기회를 개별적으로 파악하기 때문에 FOBO나 FOMO를 피할 수 있다. 계획을 따르고, 팀을 짜고, 실행에 옮기자. 일단 그 과정을 거쳤다면 지금까지 해온 조사와 판단력을 바탕으로 '이 사업이 계획상의 모든 요소를 만족시키는가?'라는 질문에 답한 뒤 최종 결정을 내리면 된다.

피터 발로의 사례를 되새겨 보자. 발로는 비행기에서 실버카 창업자와 이야기를 나누기 전까지 두 번이나 실패를 겪었다. 그래서 실버카의 아이디어를 듣고 리스크가 크다며 묵살하거나 제대로 조사도 하지 않은 채 홀딱 반해 버리는 대신 계획을 따랐다. 앞으로 파트너가 될지도 모르는 인물의 배경을 알아보고, 필요한 조사를 하는 데 시간을 충분히 투자하고, 여행 업계에서 잔뼈가 굵은 사업가를 영입했다. 내심 사업 계획을 듣자마자 흥분해서 당장 뛰어들고 싶었지만, 그는 자원을 분석하고 투자를 시작하고 팀을 꾸리는 데 이르는 모든 단계에서 10퍼센트 사업 계획을 충실히 따랐다.

실패에 대처하는 방법

사업가가 되면 실패란 사업을 쌓아 나가는 과정의 일부라는 사실을 받아들여야 한다. 궁극적으로는 대성공을 거둘지라도 실패할 것만 같은 순간이 많을 것이다. 사업의 핵심은 미지의 실험이다. 실패한 원인을 파악하는 것이야말로 성공의 비결을 알 수 있는 유일한 방법이기도 하다. 때로는 아무리 실험하고, 노력하고, 계획해도 실패를 맛본다.

실패는 솔직히 달갑지 않은 존재다. 하지만 사업을 10퍼센트의 범위 안에 유지했다면 커리어 전반에 미치는 영향이 크지 않을 것이다. 그래도 부수적 피해를 최소한으로 줄일 수 있도록 각 파트너와 소통하고 남은 문제를 해결함으로써 필요한 단계를 밟도록 하자. '달려라 엄마'의 케이티 턴서, 메미의 레슬리 피어슨 사례에서 보았듯이 일이 잘못되었을 때 어떻게 행동하는가가 당신의 평판에 큰 영향을 미친다. 파트너와 관계자를 대할 때 올바르게 행동한다면 업무를 대하는 당신의 윤리 의식을 보여 줄 수 있다. 또한 다른 투자처에서도 비슷한 실수를 저지르지 않도록 무엇이 문제였는지 검토해야 한다. 좋은 파트너와 함께 했다면 앞으로도 함께 협업할 수 있도록 여지를 남겨 두자. 이번의 실패로 인해 다들 좀 더 현명해졌을 테니 다음에 성공할 확률도 높아질 것이다.

책 초반에 썼듯이 10퍼센트 사업가는 타고나는 것이 아니라 만들어 나가는 것이라고 믿는다. 사업을 만들어 나가는 과정에는 실패를 거쳐 다시 시작하는 것도 포함된다. 난제에 맞닥뜨린다 해도 계획과 비전을 믿고 실행에 옮겨 나간다면 앞으로 나아갈 수 있다. 시간이 흐를수록 자원은 늘어날 테고 효율적으로 투자하는 능력도 쌓일 것이다. 인맥도 탄탄해지고 회복력도 강해질 뿐 아니라 난관을 떨치고 일어나며 자신감을 갖고 일해 나갈 수 있다. 이 모든 요소가 한데 모이면 당신이 만들어 낸 기계는 더 빠르고 매끄럽게 움직일 테고, 상상하지도 못한 방식으로 투자의 수익을 만들어 낼 것이다. 이 단계에 이르렀다면 이미 어느 정도 성공을 이룬 셈이다. 그렇다면 다음 단계는 무엇일까? 어떻게 하면 사업을 지속적으로 유지하고 발전시켜 나갈 수 있을까? 제10장에서는 장기적으로 사업을 운영하는 데 길잡이가 되어 주는 핵심 원칙을 살펴보자.

THE 10% ENTREPRENEUR

제10장

지속가능한
성공을 꿈꿔라

이제 계획을 짜고, 모든 자원을 정리하고, 팀을 꾸려 두었으니 10퍼센트 사업가가 될 준비는 끝났다. 제10장에서는 앞으로 투자에 임할 때 이정표 역할을 해 줄 가치관에 초점을 맞출 것이다. 지금까지 시간, 돈, '10퍼센트'를 쌓고 관리하는 데 마음가짐이 중요하다는 이야기를 여러 번 했다. 내가 마음가짐을 중시하는 이유는 마음가짐이야말로 사업가에게 가장 중요한 조건이기 때문이다. 10여 년 전만 해도 벤처 사업을 시작하려면 마음가짐 외의 장애물이 많았다. 엄두도 내기 어려울 만큼 비싼 기술료와 인프라 설치 비용이 필요했다. 인력과 자본을 구하기 힘든 지역이 많았으므로 어디에 사느냐에 따라서도 제약이 있었다. 이제 이 같은 장애물은 존재하지 않는다. 요즘의 과제는 금전적·개인적으로 지속 가능하고 가치를 창출할 수 있는 사업을 계속 쌓아 나가는 것이다.

레바논과 미국을 오가며 자란 오마 차타는 사업이란 앞날을 가장 예측하기 어려운 곳에서 꽃피는 경우도 많다는 사실을 잘 알고 있다. 차타의 생각대로라면 레바논은 사업가를 키워 내기 꽤 좋은 환경을 제공한다. 하루하루 살아남는 데조차 창의성과 지구력을 발휘해야 하니 신생 벤처를 창업하는 데 수반되는 어려움은 별것 아닌 듯 여겨질 테니까 말이다. 그러나 그가 회사를 세우려고 하자 아버지는 진지하게 조언해 주었다. "사업을 해 나갈 생각이라면 직접 자금을 댈 만큼 돈을 모으렴." 듣고 싶은 조언은 아니었지만 차타는 열정을 좇는 대신 인내를 기르기로 마음먹고 샌프란시스코의 소프트웨어 회사에서 근무했다. 그러나 2013년, 모든 게 바뀌었다. 정치인이었던 아버지가 베이루트에서 차량 폭탄 테러로 암살당한 것이다. 차타는 어떤 방향으로 살아 나갈지 자문하게 되었다. 초조감이 엄습했다. 아직 젊으니 리스크를 무릅쓰지 못할 이유는 없다고 생각했다. 언제 끔찍한 일이 일어날지 모르는데, 굳이 모든 게 준비될 때까지 기다릴 필요도 없을 것 같았다.

차타는 자신의 사업 아이템, 즉 하야티Hayati 라는 데이트 어플에 대해 진지하게 고민해 보기로 결심했다. 오랫동안 전해져 내려온 아랍의 전통 데이트 문화를 스마트폰에 접목한 것이었다. 그는 평일 저녁과 주말에 시간을 내서 회사를 창업하고, 지적 재산권을 보호하고, 관련 소프트웨어를 개발하는 과정에 관해 알아보았다. 저축만으로 하야티 개발에 필요한 자금을 충당할 수 있도록 생활비도 대폭 줄였다. 이윽고 차타는 본업을 그만두었다. 6개월 뒤 베이루트에 들른 차타는 도시가 변하고 있다는 것을 깨달았다. 걸음마 단계였던 레바논의 IT 업계는 발전일로를 걷고 있었으며 미국보다 훨씬 적은 비용으로 실력 있는 소프트웨어 개발자를 고용할 수 있었다. 그는 인맥을 쌓는 사이 면접을 보았다. 타이밍도 완벽했다. 지난 6개월간 본업을 그만두고 전력을 다해 어플을 개발한 덕분에 가장 힘든 단계를 지나왔고, 이제 하야티를 투잡 삼아 키워 나갈 수 있었던 것이다.

차타는 지금 유망한 신생 업체를 가려내서 멘토링을 한 다음 런던으로 보내는 창업 지원 프로그램을 운영하고 있다. 이 프로그램은 근본적으로 레바논과 더 넓은 세상 사이에서 아이디어, 자본, 인재를 연결하는 다리 역할을 하고 있다. 레바논은 분쟁 지역과 가까운 위치에 자리 잡고 있지만 기술과 혁신이라는 면에서 새로이 부상하는 지역 허브이며, 차타는 그 심장부에서 일한다. 그의 새로운 역할은 하야티를 운영하는 데 상당한 시간을 할애하는 동시에 실패 위험을 줄이고 생활비를 넉넉히 벌며 조국에 기여할 발판을 마련하는 것이다.

10퍼센트 사업가의 성공 원칙

오마 차타의 사례는 지금까지 살펴본 여러 가지 주제를 한데 묶어 주고 있다. 그는 심사숙고한 뒤 결정을 내렸으며 계획을 세우고 지켰다. 또한 자신의 장점을 활용할 수 있는 방향으로 삶과 커리어를 이끌었다. 레바논과 해외 양쪽에 닿아 있는 사람으로서 차타는 레바논 테크 허브의 영국 지부와 하야티를 통해 그만의 독특한 재능을 활용하여 아랍과 서구 세계를 잇는 다리를 놓고 있다. 차타가 양국에서 수행하는 역할은 철저히 공생적이며, 달걀을 모두 한 바구니에 담지 않고도 스타트업을 창업하도록 하고 있다. 뛰어난 10퍼센트 사업가가 다들 그렇듯이 차타의 전략은 통합적이며 탄탄한 계획에 바탕을 두고 있다.

이 장을 마저 읽고 책을 덮은 이후 당신에게는 선택권이 있다. 책을 책장에 다시 꽂아 둘 수도 있고, 드디어 첫걸음을 내디딜 수도 있다. 마음가짐이 중요한 역할을 발휘하는 것은 바로 이 순간이다. 마음가짐이야말로 나를 몽상에서 실천으로 이끌어 주는 존재다. 첫발을 내딛고, 실천하고, 꿈을 실현하도록 해 주는 것이다. 지금이야말로 시작할 때라는 확신이 들었기 바란다. 주변을 돌아보고, 남들에게 배우고, 팀에 합류한 뒤 나만의 '10퍼센트'를 쌓아 나가자.

지금까지 여러 번 보아 왔듯이 10퍼센트 사업가의 유형은 다양하다. 10퍼센트 사업가는 세계 방방곡곡의 다양한 업계에서 활동하며 배경 또한 각양각색이다. 유일한 공통점은 이들이 모두 기회를 찾아 헤매고 생각을 현실로 옮겼다는 사실이다. 그들은 미리 계산을 마친 리스크를 감수하고 자신의 실수에서 배운 다음 발전해 나갔다. 그 점을 염두에 두고 이번 장에서는 10퍼센트 사업의 최전선에 서 있는 이들의 지혜가 담긴 원칙을 소개하기로 한다. 그들이 당신의 나침반이자

지도가 되어 줄 테니 앞으로도 이 장을 들쳐 보며 자신이 올바른 길을 걷고 있는지 확인하기 바란다.

정직하게 행동하라

10퍼센트 사업 프로젝트는 다양한 이득을 가져다주지만 반드시 약속된 급여를 주지는 않는다. 그러니 안정적인 급여가 보장된 본업을 희생하면서 '10퍼센트'를 쌓을 수는 없다. 갈등이 발생할 경우 두말할 것도 없이 본업을 우선시해야 한다. 본업에서 지속적인 성과를 올려야만 외부의 투잡을 지탱할 능력이 생겨나기 때문이다. 금전 자본을 투자하고 리스크를 무릅쓸 수 있는 안정감은 본업에서 나온다. 그뿐 아니라 상대에게 신뢰를 주고 인맥의 바탕을 쌓을 수 있으며 벤처 사업에 참여할 때 적용하는 노하우도 본업을 통해 배울 수 있다. 본업에서 계속 성과를 내고 규율을 어기지 않는다면, 고용주도 투잡을 통해 쌓은 통찰력을 회사를 위해 활용하는 데에 만족할 것이다. 그리고 시간이 지나면 주변의 동료 또한 프로젝트를 같이 해 볼 수 없겠느냐고 물어올 것이다. 사무실 안팎에서 언제나 최선을 다한다면 모두 가능한 일이다.

중간 지대에 유의하자. 중간 지대는 이해가 상충되는 상황을 만들어 낼 수 있다. 개인적으로 벌이는 사업 때문에 회사가 대가를 치러서는 안 된다. 절대 회사와 경쟁하거나 본업의 영역에 속하는 사업 기회를 가로채지 말자. 10퍼센트 사업에 관련된 업무를 할 때는 회사가 아니라 개인 이메일을 사용하고, 회사의 자원을 사적 용도로 남용하지 않아야 한다. 복사비나 사무용품에 드는 비용을 아끼려다가 소탐대실의 결과를 빚을 수도 있다. 회사 규정상 개인 투자나 사업 활동을 공개해야 한다면 솔직하게 털어놓자. 명문화되어 있든 불문율이든 본업과 윤리에 관련된 규정을 어기는 순간 모든 것이 끝난다고 봐야 한다. 직업 윤리에 관한 한 실수를 만회할 여지는 없다.

끝으로 분야에 따라 다르겠지만 언젠가는 10퍼센트 사업과 본업 사이에서 균형을 맞추는 게 어려워지는 순간이 올 수 있다. 그 시점에 다다르면 모든 업무를 지속적으로 잘해 나갈 수 있을지 숙고해 봐야 한다. 10퍼센트 사업을 전업으로 선택할 경우 의외로 본업의 고용주와 원만한 관계를 유지할 수 있을지도 모른다. 기업은 신뢰할 만한 인재를 찾느라 고심하는 법이며 최고의 직원이라면 가능한 한 붙잡으려 애쓴다. 마살라 베이비의 디팔리 파트와의 경우 그녀가 신생 벤처에 에너지를 쏟는 동안 업무 시간을 조정해 주겠다고 회사 측이 제안하기도 했다.

자기 분야에 집중하라

장점을 잘 활용하면 자신이 잘 알고 좋아하며 삶의 다른 부분과 연동되는 분야에 집중할 수 있다. 이 같은 전략의 뚜렷한 장점은 자신의 전공 분야에서 너무 먼 곳까지 흘러가지 않는다는 점이다. 게다가 초점을 잃지 않고 FOMO와 FOBO의 함정도 피할 수 있다. 물론 자신의 핵심 역량과 동떨어진 사업을 한다고 해서 문제 될 것은 없다. 현재의 삶과 전혀 상관없는 좋은 아이디어가 떠올라서 시도했다가 대박이 날 수도 있다. 절대 '절대'라는 말을 하지 않되 투잡을 할 때는 그런 전략을 취하는 게 조금 더 어렵다는 사실을 기억해 두자.

내 삶과 밀접하게 연계된 사업 기회를 좇으면 좀 더 빨리 궤도에 오를 수 있고 인맥을 쌓기도 쉬워진다. 벤처 캐피털리스트는 자신이 가장 잘하는 것을 하거나 자기 분야에서 벗어나지 않으면 성공 확률이 훨씬 높아진다고 입을 모은다. 게다가 업무 효율도 훨씬 높일 수 있다. 자신이 아는 분야, 자신이 믿을 수 있는 사람들에게서 멀어질수록 벤처 사업을 유지하는 데 더 많은 노력을 쏟아 부어야 한다. '통합 전략'이 그토록 효과적인 이유다. 힐리어 제닝스, 루크 홀든, 조시 뉴먼, 디팔리 파트와, 밀드러드 위엔, 디에고 사에즈길, 케이티 턴서가 자신의 10퍼센트 프로젝트를 위해 어떤 사업 기회를 골랐는지 생각해 보자. 이들이 시작한 사업은 모두 삶의 다른 부분에 자연스레 엮여 들어갔다는 것을 알 수 있다.

새로운 분야에 눈을 돌리고 다른 역량을 쌓고자 한다면 본업과 관련된 기술을 활용해야 유리한 위치에서 시작할 수 있다. 피터 발로는 법조계에서 닦은 통찰력으로 사업에 발을 들여놓았다. 실버카의 업무를 처리할 때도 항공 부문에 일하며 익힌 기업법에 관한 지식과 다양한 노하우가 큰 도움이 되었다. 레슬리 피어슨은 경영 컨설턴트이자 초보 엄마로서 겪은 경험을 살려 유아용품 브랜드인 포맘스의 이사직을 맡았다. 덕분에 메미 사업의 초기 단계에서 극히 중요했던 지적 재산과 특허에 관한 문제를 적기에 제대로 처리할 수 있었다.

여러 분야를 옮겨 다니다 보면 중간 단계를 거쳐야 할 때도 있다. 중간 단계를 통해 다른 분야로 건너가는 것은 조금 시간이 걸리긴 해도 자신의 관심사와 인맥을 원하는 분야로 연결하는 좋은 방법이다.

때로는 위험도 감수하라

자기 분야를 벗어나지 않는다는 원칙의 반대편에는 리스크를 감수하라는 원칙이 있다. 자신이 가장 잘하는 일을 한다 해서 언제나 안전하게만 행동하란 법은 없다. 벤처 사업은 원래 리스크를 수반하는 터, 안전지대를 벗어나는 것도 사업의 일부다. 당장 버티는 게 힘들거나 상황이 불확실한 경우도 있겠지만, 이 책을 읽으면서 탄탄한 준비를 해 왔다면 어려운 상황을 헤쳐 나가는 데 필요한 모든 도구를 이미 당신의 손에 쥐고 있을 것이다.

알렉스 토레네그라는 안전지대를 벗어나는 일에 관한 한 둘째가라면 서러운 인물이다. 그는 부유한 삶을 뒤로하고 콜롬비아에서 미국으로 옮겨 왔다. 콜롬비아에서는 25명의 직원을 거느린 IT 기업을 소유하고 보고타의 최고급 주택가에 살며 자가용을 모는 등 친구들은 듣지도 보지도 못한 호사를 누렸다. 하지만 미국으로 옮겨 오기 위해 안락한 삶을 모두 포기했고 IT 기업의 CEO 대신 맥도날드의 청소부가 되었다. 미국으로 건너오는 것이 언젠가 업계의 판도를 바꿀 IT 기업을 세우는 최선의 방법이라 믿었기 때문에 결정한 선택이었다. 시간이 조금 걸리기는 했지만 토레네그라는 실리콘밸리에 진출했고 타니아 저파타와 함께 혁신적인 IT 기업을 경영하고 있다. 리스크를 감수했지만 그럴 만한 가치가 있었던 것이다. 당신도 리스크를 감수할 수 있다. 물론 토레네그라처럼 수천 킬로미터나 떨어진 곳으로 옮겨 가거나 삶을 완전히 뒤바꿀 필요는 없다. 훨씬 작은 규모로 시작하더라도 엄청난 혜택을 누릴 수 있다.

10퍼센트 사업 프로젝트로 신생 벤처를 시작하면 실패하더라도 본업은 그대로 유지할 수 있기 때문에 리스크를 최소화할 수 있다. 실험하고, 실패하고, 궤도를 바꾸고, 다시 시작하는 여유도 누릴 수 있다. 떡하니 입을 벌린 실패라는 괴물의 눈앞에서 성공을 낚아챈 사업가는 적절한 타이밍에 방향을 튼 것이 유효했다고들 말한다. 사업 모델을 바꾸어 궁극적으로 성공하기 위한 발판을 만들었다는 뜻이다. 많은 분야에서 창업 비용이 급격히 저렴해진 덕분에 여러 번 다시 시도하기도 쉬워졌다. 이제 소규모 예산으로도 아이디어를 시험하고, 제품 원형을 개발하고, 제품을 출시할 수 있다.

예상이 빗나가거나 제품이 잘 팔리지 않는다 해서 모든 걸 잃어버리지는 않는다. 실패한다 해도 감당할 수 있는 수준이며 본업에 영향을 미치지 않는다. 당신의 90퍼센트는 고스란히 남아서 안정감과 신뢰성을 유지해 줄 것이다. 10퍼센트 사업 프로젝트에서 잠시 떨어져 다시 대오를 추스르고 언젠가 다시 한번 시도할 수 있도록 말이다.

주도적으로 배워라

금융계에서 일을 시작하고 몇 년 동안 부끄럽게도 회계를 제대로 이해하지 못했다. 회계야말로 '사업의 언어'라는 말이 맞는다면 나는 유창하게 말할 실력이 되지 못했다. 월가에서 성과를 내고 싶다면 이상적인 조건은 아니었다. 수식에 숫자를 넣어 답을 알아낼 수는 있었지만 진정 실력이 출중한 것은 아니었다. 주변 사람들은 자신이 무얼 하는지 제대로 아는 것 같아서 도움을 청하기가 두려웠다. 내가 실력이 없다는 걸 누군가 알아챌까 봐 두려웠다.

결국 4년간 골머리를 앓은 끝에 회계 책을 사서 처음부터 끝까지 읽었다. 그러고 나서야 모든 조각이 한데 맞아떨어지는 것을 느꼈고, 애초에 회계에 재능이 없는 것은 아니었음을 깨달았다. 주도적으로 문제를 해결하겠다고 마음먹기까지 회계를 제대로 배울 기회가 없었을 뿐이다.

안전지대를 벗어나면 새로운 개념과 익숙지 않은 전문 용어를 맞닥뜨린다. 현장에서만 배울 수 있는 노하우를 익히는 동시에 주도적으로 나서서 제대로 된 교육도 받아야 한다. 다행히 요즘은 이들 분야에 관한 내용을 배우고 자신감을 보태 줄 좋은 책, 블로그, 웹사이트가 많다. 내가 즐겨 찾는 정보는 책 말미에 소개해 두었다. 또한 엔젤 투자자 집단에 합류하거나 상호 보완적인 역량을 지닌 사람들과 파트너십을 맺으면서 필요한 것을 배워 나갈 수도 있다. 끝으로 근처의 대학을 찾아 강의를 듣거나 온갖 주제를 망라하는 온라인 교육 과정에 등록하는 것도 한 방법이다.

10퍼센트 사업을 시작하기에 너무 이른 시기는 없다. 투잡으로 벤처에 투자하는 것은 학생의 라이프스타일과도 잘 맞아떨어진다. 상당량의 교육 자료와 연구 도구를 활용할 수 있고 다른 학생이나 교수의 경험과 에너지를 통해서도 지식과 자원을 얻을 수 있다. 그뿐 아니라 취직해서 전업으로 일할 때에 비해 일정을 유동적으로 조절할 수 있다. 힐리어 제닝스는 로스쿨에 다니는 동안 비는 시간을 이용해서 리스트 튠스의 사업 계획을 짜고 제품을 개발했다. 블루스마트에서 디에고 사에즈길과 손잡은 파트너 브라이언 첸도 MIT의 MBA 과정에 들어가기 직전에 합류했다. 학기가 시작되자 첸은 블루스마트를 경영하는 한편 강의를 들었고 MIT에서 쌓은 인맥을 사업에 활용했다. 그리고 블루스마트가 대성공을 거두자 잠시 공부를 중단하고 전업으로 회사 일에 뛰어들었다.

수익을 고르게 분배하라

사업가의 마음가짐을 갖추면 전에는 보지 못한 곳에서 기회를 발견한다. 그리고 사업이란 제로섬게임이 아니라는 사실도 곧 깨닫는다. 당신의 능력은 경험뿐 아니라 인맥에서도 비롯된다. 제대로 조사하고 직관을 믿되 사업에 성공하려면 남들의 재능, 아이디어, 인맥, 호의도 효과적으로 활용해야 한다. 그렇게 해야만 10퍼센트 사업을 성공시킬 수 있다. 모든 일을 언제까지나 혼자서 해낼 수는 없다. 모든 사실 관계를 꿰고 있을 수도 없다. 그렇기 때문에 팀이 필요하다. 함께 일하기 위해 영입한 사람들의 에너지와 두뇌를 기반으로 하여 자력으로 움직이는 기계를 만든다고 생각하자. 그들은 당신이 꾸린 10퍼센트 사업 전반에 걸쳐 각자의 역할을 담당해 줄 것이다. 당신과 함께 투자하고, 조언해 주고, 필요한 자원을 구해 주고, 심지어 당신 자신이나 포트폴리오에 포함된 기업에 관련된 업무를 맡아 줄 수도 있다. 중국에서 방과 후 교육 사업을 하는 개빈 뉴튼탠저는 적절한 인재를 영입하면 회사의 가치가 엄청나게 불어나리라는 사실을 일찌감치 깨달았다. 꾸준히 노력을 기울인 끝에 자신의 비전을 주변의 인재에게 전달하고 그들을 영입하는 데 성공했다.

당신이 기울인 노력과 팀원의 헌신을 통해 얻은 성과를 혼자 독차지하지는 말자. 당신의 10퍼센트 사업에 새로운 인재를 영입할 방법을 계속 찾다 보면, 팀원 모두와 함께 나눠도 충분할 만큼 파이의 크기를 부풀릴 수 있다. 당신의 인맥, 역량, 관심사를 보완해 줄 사람들에게 접근할 수도 있다. 대가로 당신의 포트폴리오에 참여할 기회를 제공하면 된다. 그들도 금전으로나 경력으로 보상받을 것이다. 사업의 세계는 혼자서만 돈을 버는 곳이 아니다. 당신이 아는 사람 모두가 득을 봐야 당신에게도 이롭다.

누처럼 무턱대고 무리를 좇을 필요는 없지만 주변 사람들이 같은 가치관을 지니고 있으며 당신을 뒷받침해 준다면 무리에 합류하는 것도 괜찮다. 이런 사람을 찾아냈다면 함께 파트너십을 맺는 길을 닦고 엔젤형이나 고문형으로 10퍼센트 사업에 참여하는 기회를 주며 당신이 찾아낼 수 있는 최선의 프로젝트에 함께 해서 모두 이익을 얻도록 하자. 당신이 함께 일하는 사람들을 후하게 대하고 밝은 미래를 나누는 방법을 찾으려 노력한다면 그들 또한 후의를 갚을 것이다.

당신을 최선으로 이끄는 사람들을 곁에 둬라

10퍼센트 사업은 커리어에서 가장 사적인 부분이다. 함께 할 파트너를 직접 고를 수 있기 때문이다. 사업의 핵심은 아이디어와 사람이다. 인적 자본이 신통하지 않거나, 인센티브가 제대로 배분되지 않거나, 개인적 갈등이 생기면 회사는 무너진다. 새로운 파트너와 일할까 고려하는 중이라면 실사 과정을 거치고 모든 요소를 공개한 뒤 가치관이 같은 사람과 힘을 합쳐야 한다. 재정적 제약이 있거나 제대로 된 인재를 찾기가 어렵다면 당신이 신뢰하는 사람들 가운데 빈 공간을 채워 줄 이가 없는지 살펴보자. 친구, 가족, 전 직장 동료를 비롯하여 당신에게 중요한 사람들과 협업할 수도 있다. 이들은 당신이 잘되기를 바라며 상황이 어려울 때도 당신을 믿어 줄 확률이 높다. 당신이 올바른 길을 벗어나면 솔직히 말해 줄 가능성 또한 높다. '10퍼센트' 안에서 사업을 전개할 경우 리스크는 전업으로 회사를 경영하며 파트너십을 맺을 때보다 훨씬 낮다. 덕분에 더 깊은 관계를 맺기 전에 서로 손발이 잘 맞는지 확인해 볼 수 있다.

당연한 일이지만 이 책에 등장하는 많은 기업의 창업자가 원래 잘 알고 지내던 이들과 손잡고 일을 시작했다. 루크 홀든은 첫 매장을 여는 데 드는 초기 자금을 아버지와 함께 마련했다. 그의 동생 브라이언과 마이클은 이제 회사에서 함께 일한다. 동업자이자 루크 랍스터의 매장 확장을 맡은 브라이언은 루크 랍스터에서 쌓은 경험을 살려 10퍼센트 사업으로 맞춤 가구를 디자인, 제작하고 있다. 요즘 보면 메인주 케이프엘리자베스 시 주민의 절반이 루크 랍스터에서 일하는 것 같다. 조지아 주에 사는 힐리어 제닝스의 형제들 또한 리스트 튠스의 재고 관리와 생산 업무를 돕는다.

10퍼센트 사업은 인생을 좀 더 풍요롭고 흥미롭게 사는 데 도움을 주되 기존의 인간관계에 해를 끼치지 않아야 한다. 직접적으로 업무를 맡기거나 벤처에 끌어들이지 않는다 해도 사업을 꾸리려면 가족과 친구의 지원이 필요하다. 10퍼센트 사업을 안정된 궤도에 올리고 성과를 보려면 얼마간 희생을 해야 한다. 당신이야 일하는 매 순간이 즐거울지 모르지만 배우자나 아이들의 입장에선 달갑지 않을 수도 있다.

신경 써야 하는 일이 더 많아지고 사업에 시간과 에너지를 투자해야 하므로 사랑하는 이들을 10퍼센트 사업에 끼워 넣을 방법을 찾아낸다면 시간을 두 배로 유용하게 쓸 수 있다. 알렉스 토레네그라와 아내 타니아 저파타는 함께 버니 주식회사를 만들었고, 각자 다른 벤처에서 일하던 시절보다 훨씬 더 많은 시간을 함께 보낸다. 조시 뉴먼과 아내 리사도 본격적인 사업을 하는 동시에 함께 무언가 재미있는 일을 하는 수단으로 디지털 에이전시를 창업했다.

사업의 황금률을 유지하라

사업이란 인내의 스포츠다. 새 벤처를 시작하고, 자금을 모으고, 초기 고객을 유치하느라 애쓰다 보면 어느새 상대에게 거절당하는 데 익숙해진다. 상대가 나를 무시하거나, 잊어버리거나, 아예 답조차 듣지 못하는 상황에도 익숙해진다. 사람들은 누구나 바쁘고 내가 상대의 우선순위 목록에 오르지 않았다면 만나기도 쉽지 않다.

엔젤형 투자자라면 갑의 위치에 설 수 있다. 투자 기회를 검토하다 보면 여러 기업과 마주칠 텐데 개중에는 설익은 아이디어, 짜임새 없는 사업계획서 혹은 별 볼일 없는 경영진이 딸린 경우도 있다. 누구나 파워포인트를 자유자재로 쓸 수 있는 세상인데도 메일함에 쏟아져 들어오는 사업기획서 중 진정 흥미를 끄는 것은 극소수에 불과하다. 그러므로 심사 과정을 밟을 때는 최소한의 시간만 할애해야 한다. 간략하게 훑어본 뒤 곧바로 삭제해 나가지 않는다면 자신의 기준과 맞지 않는 사업기획서를 읽느라 많은 시간을 낭비할 것이다.

남에게 거절당하면 새로운 눈이 뜨인다. 대기업에서 일하던 시절, 상대의 사업 계획을 거절할 때마다 마음이 불편했다. 하지만 상대가 나를 거절할 때 어떤 기분이 드는지는 미처 상상하지 못했다. 리얼 인플루언스에 참여했던 시절 을의 입장에 서서 유튜브 파트너십을 팔며 그때까지 몰랐던 경험을 했고 큰 교훈을 얻었다.

거절하는 것 자체는 문제 될 게 없지만, 무례하게 굴거나 실례를 범하거나 무반응으로 일관하는 것은 좋지 않다. 장기 게임에 임하고 있다는 것을 잊지 말자. 어쩌면 몇 년 뒤에 결실을 맺을 씨앗을 지금 심고 있는지도 모른다. 지금은 사업 계획을 제대로 짜지 못한 사람일지라도 언젠가는 매력적인 회사의 CEO로 거듭날 수 있다. 사려 깊게 행동하지 않거나 무례하게 굴면 상대는 당신을 좋지 못한 사람으로 기억할 것이다. 계속 사업을 해 나가고 싶다면 예의 있게 행동하자.

또 하나의 황금률은 '내가 시작한 일을 제대로 처리하라'는 것이다. 말을 했다면 행동으로 옮기자. 고문형으로 참여하면서 누군가를 소개해 주거나 자금을 송금하거나 매달 몇 시간을 할애하겠다고 약속했다면 미팅에 직접 참석해야 한다. 직접 가거나 참여하지 않는다면 '10퍼센트'를 쌓는 이유 자체가 없어지는 셈이다. '10퍼센트'의 본질은 당신이 결정을 내리고, 당신의 관심사를 좇고, 당신 자신을 위한 무언가를 쌓아 나가는 것이다. '10퍼센트'가 특권이 아닌 의무처럼 여겨진다면 당신의 전략을 재고해야 한다.

10퍼센트 사업가로서의 삶을 선택하라

10퍼센트 사업에 관한 한 스티브 시겔은 전설의 존재다. 그는 자수성가한 부동산 거물로 세계 최대의 상업 부동산 투자 업체인 'CBRE'의 회장 자리에 올라섰다. 자칭 계약중독자인 그는 내가 기저귀를 떼기도 전부터 '10퍼센트'를 쌓아 왔다. 시겔은 20대 때 투자를 시작했다. 더 많은 자금을 보유한 두 수석이사와 힘을 합쳐 맨해튼 미드타운의 호텔을 사들인 것이다. 40년이 지난 지금 그는 부동산과 레스토랑을 포함하여 100여 곳이 넘는 프로젝트에 투자하고 있다.

한 달이나 1년이 아니라 10년 단위의 장기 관점에서 생각하면 10퍼센트 사업은 일과 사생활 모두에서 의미 있는 부분으로 거듭날 수 있다. 나는 시겔을 만나기 전부터 그에 관한 이야기를 익히 들어 왔다. 그의 10퍼센트는 공적인 인격을 대변했기 때문이다. 그는 배우 티모

시 허튼, 작고한 뉴욕 양키스의 구단주 조지 스타인브레너와 더불어 뉴욕에 있는 레스토랑 피제이 클락스P. J. Clark's를 회생시켰을 뿐 아니라 마이너리그 야구팀도 일부 소유하고 있다. 예전 고객이 야구팀을 사기로 마음먹었을 때 투자자 그룹에 합류한 것이다. 오래전부터 야구를 좋아한 시겔은 앞으로도 메이저리그 팀의 부분 소유주가 될 수는 없으리라는 사실을 알고 있었다. 그래서 차선책을 택했고, 이제 챔피언십 트로피 다섯 개를 갖고 있다.

예전 사람들은 은퇴한 뒤에야 꿈을 좇곤 했다. 하지만 지금은 정반대다. 이 책에 등장하는 10퍼센트 사업가의 나이 차는 50년을 넘나든다. 사업을 시작하기에 너무 어린 나이란 없으며, 사업을 시작하기 위해 은퇴할 필요도 없다. 본업을 좋아한다면 계속 해 나가고 사업은 관심사와 장점에 맞게 다듬은 뒤 투잡으로 하면 된다. 시겔이 그랬듯 장기간 계속 투자하다 보면 당신의 '10퍼센트'는 당신 자신으로 거듭날 것이다. '10퍼센트'는 한 인간이자 전문가로서 당신의 모습을 반영하며 본업을 바꾸더라도 언제까지나 당신 곁에 남을 것이다.

내 사람이 아니라면 과감히 포기하라

나의 아버지는 메인 주의 고향 마을에서 자랐다. 당시 젤러슨이라는 남자가 마을 안팎에 이름을 떨쳤다. 그는 시골길을 느릿느릿 돌아

다니며 빈 병을 주위 팔았고, 30킬로미터는 족히 되는 거리를 걸어 옆 마을의 친구를 만나러 갔다. 차를 타고 길을 달리던 사람들이 차를 세우고서 태워 줄까 물으면 그는 모자에 손을 얹어 인사하고는 정중히 거절했다. "고맙습니다. 하지만 제가 좀 빨리 가 봐야 하거든요." 그 답을 들은 사람들은 모두 젤러슨이 조금 돌았거나 기인이라 생각했다.

아버지가 그 이야기를 처음 들려주었을 때, 나 또한 웃으며 고개를 젓지 않을 수 없었다. 뉴잉글랜드의 작은 마을에서 자라난 나는 엉뚱한 사람을 자주 보아 왔기 때문이다. 하지만 젤러슨을 떠올릴수록 그는 무언가 자기만의 생각이 있는 사람이 아니었을까 생각하게 된다. 사업가가 되면 목표를 정하고 목표에 가 닿기 위한 실행 계획을 세워야 한다. 다른 모두와 같은 길을 걸을 수는 없다. 전형적인 길을 가지 않고 내가 무슨 생각을 하는지 남들이 이해하지 못한다 해도, 전력을 다해 내 식대로 걸어가야 한다. 젤러슨 아저씨처럼.

새롭거나 독특한 시도를 할 때면 어디선가 갑자기 사람들이 나타나서 비판을 퍼붓는다. 어째서 쉴 시간에 일을 하느냐며 고개를 갸웃거린다. 자신이 쉬는 동안 당신이 일을 계속하면 게을러 보일까 봐 걱정되기 때문이다. 그런가 하면 친구와 동료들이 당신이 투자하는 벤처 기업을 두고 마뜩찮은 반응을 보일 수도 있다. 각자 의견을 내세우고 사업이 잘 풀리지 않을 이유, 신제품의 결함 등에 대한 이야기를 늘어놓을 것이다. 블루스마트가 처음으로 크라우드 펀딩을 시작했을 때 내게 연락해서 이런저런 문제점에 대해 말한 사람이 놀라울 정도로 많았다. 너무 크다, 작다, 무겁다, 가볍다. 복잡하다, 단순하다……. 그런데 인디고 고에서 200만 달러의 선판매를 올리고 나자 그토록 제품을 헐뜯던 지인들이 왜 처음에 투자를 권하지 않았느냐며 불평하기 시작했다.

당신이 하는 일을 신뢰하지 않는 사람을 설득하느라 시간을 허비하지 말자. 삶에서 중요한 사람들의 지원, 특히 당신의 선택에 영향을 받는 사람들의 지원을 받을 수 있다면 그것으로 충분하다. 다른 사람들은 당신을 신뢰하는 데 조금 시간이 걸릴 수도 있지만, 그런 데 신경 쓸 필요는 없다. 피드백, 아이디어, 건설적인 비판은 언제나 도움이 된다. 문제를 미리 피하는 데 도움이 되는 뭔가를 배울 수도 있다. 당신이 하는 일이 시간과 노력을 들일 가치가 있다며 사람들을 붙들고 설득하느라 열을 내기보다는 그 에너지를 10퍼센트 프로젝트에 쏟아 붓자. 일이 제대로 굴러가기 시작하면 굳이 사람들을 설득할 필요도 없을 것이다. 상대가 먼저 연락해서 어떻게 하면 투자에 합류할 수 있겠냐고 물어올 테니까.

당신의 인생은 단 한 번뿐이다

사업을 하면 삶이 미처 생각하지 못한 방향으로 흘러갈 수 있다. 사업이 아니면 만나지 못했을 근사한 사람들도 사귈 수 있다. 생각지도 않은 분야의 전문가가 될 수도 있다. 자신의 역량에 자신감을 얻기도 한다. 흥미로운 사람으로 거듭날 수도 있다. 몇 년 동안 똑같은 출퇴근 길을 오가고, 틀에 박힌 일상을 보내고, 비슷비슷한 정장을 입고 살아 갔다면 뭔가 좀 더 다양한 삶을 살고 싶어질 것이다. 새로운 기업을 만 들어 나가고, 낯선 사람들을 만나고, 자신도 놀랄 만한 일을 하는 것은 언제까지나 지겨워지지 않는다. 마음을 열고 평상시와 다른 무언가를 해 보는 기회를 받아들이자.

사업의 부차적인 장점은 '칵테일 파티 효과'다. 흥미로운 프로젝트 를 맡으면 긍정의 에너지가 주변까지 확산되고, 프로젝트에 관한 이야 기를 들려주면 곧 화제의 중심에 설 수 있다. 나는 그 덕분에 피터 발로 를 만날 수 있었다. 어느 모임에서 10퍼센트 사업에 대한 이야기를 하 는데 누군가 다가왔다. 그리고 저만치 떨어진 발로에게 손짓하더니 내 귀에 속삭였다. "피터 발로를 만나 보는 게 어때요. 지금 쓰고 있는 책 에 딱 맞는 친구거든요."

워싱턴에서 활동하는 변호사 윌리엄 랭어는 헤드헌터에게 자신의 관심사를 이력서에서 모두 빼라는 조언을 받았다고 한다. 그가 너무 '흥미로운 사람처럼 보인다'는 게 이유였다. 그렇게 흥미를 좇느라 회 사 일에 에너지를 모두 쏟지 않을까 봐 채용되지 않을 수 있다는 것이 었다. 하지만 내 눈에는 오히려 그 반대로 보인다.

10퍼센트 사업을 시작하면 흥미로운 사람으로 거듭날뿐더러 만나 는 사람들에게 깊은 인상을 심어 줄 수 있다. 깊은 인상을 남길 경우 사 람들이 당신과 맞는 좋은 사업 기회를 발견하면 당신을 떠올리고 연락해 올 가능성이 커진다. 그렇게 해서 다음 프로젝트, 파트너십, 모험을 시작하게 된다. 보통 사람이라면 이런 기회는 가뭄에 콩 나듯 찾아오겠지만 당신에게는 흔한 일상이 될 것이다. 10퍼센트 사업가의 하루는 모험과 무한한 가능성으로 가득하니까.

| 감사의 말 |

주변에 감사하는 마음을 전하고 싶다면 책을 써 보기 바란다. 책을 쓰는 것은 무척 고독한 일이며 주변의 친절한 격려와 성원 덕분에 작업을 이어 나갈 수 있기 때문이다.

《나는 직장에 다니면서 12개의 사업을 시작했다》는 몇 년에 걸친 논의와 실험의 결실이다. 우선 이 책에 등장하는 모든 10퍼센트 사업가와 배경 인터뷰를 통해 다양한 아이디어를 내주신 분들께 감사의 말을 전하고 싶다.

명민할뿐더러 최고의 나침반이 되어 준 친구 제이슨 하임에게 감사한다.

제프 구전에게 감사의 말을 전하고 싶다. 디지털 전문가가 곁에 있어 준 것은 정말 큰 도움이 되었다. 10퍼센트에서 110퍼센트에 이르기까지 사업가에 대해 많은 것을 가르쳐 준 마셀로 캠베로스에게 고마움을 전하고 싶다. 글을 쓸 때 셰르파가 되어 주고 처음으로 책을 써 보라고 권해 준 새머라 오셰어도 고맙다. 촉매 역할을 해 준 신 젱과 벤 슈레킨저, 생각을 정리하는 데 보탬을 준 대니얼 후트닉 카우프먼과 캐서린 류, 10여 년이 넘는 세월 동안 내가 분별 있고 사교적으로 살게끔 도와준 아이린 홍 에드워즈에게 감사한다.

사업에 뛰어들려면 대담무쌍해야 한다는 것을 일깨워 준 프레이저 심슨에게 감사한다. 고향 메인 출신의 셸리 핑리에게 무한한 감사의 말을 전하고 싶다. 또한 냉철하고 생산적으로 글을 쓸 수 있는 환경을 조성해 준 윌 블로젯과 캐롤린 티시 블로젯에게도 감사한다.

함께 일하며 잊을 수 없는 모험을 해 왔고 이 책을 쓰면서 큰 도움을 받은 수전 시걸에게 고맙다는 말을 전하고 싶다. 부에노스아이레스의 거리에서 많은 행운 그리고 어쩌면 신의 손길이 담겨 있었는지도 모를 놀라운 선물을 건네준 루치아나 이셀라에게 감사한다.

크고 작은 도움을 준 그렉 프라타, 펠릭스 대셰브스키, 존 리온, 벤 위고더, 마이클 리바이, 플로렌시아 히메네즈 마르코스, 테리 챙, 헬렌 코스터, 조던 나디노, 다발루아 페롱, 앨리슨 스튜어트, 라스 크로이어, 댄 매티스, 브래드 새프트, 에이미 캘훈 롭, 제이 새먼스, 에리얼 아리에타, 곤잘로 코스타, 앤드루 왓슨, 피오나 애벗, 리처드 배런, 데보라 스파, 지아 크리슈티, 모하메드 카이슈기, 하스나인 아슬람, 벤 우, 니

하르 사이트, 사나 레즈완 사이트, 산티아고 테노리오, 크리스 케이시, 알리 라시드, 톰 클락, 필 쳉, 수켄 샤 그리고 스키 클럽 친구들 모두에게 감사한다.

귀중한 도움을 준 분들을 소개해 준 루크 마스다, 니콜라스 월터스, 게리 크로타스, 바네사 베켓, 조시 위드먼, 앤디 리, 매튜 스톨러, 케이트 앰브로즈, 레슬리 피어슨에게도 감사하고 싶다.

나의 대자godchildren인 핀리 클락과 토머스 구전, 너희도 몇 년 뒤에는 10퍼센트 프로젝트를 시작하는 준비를 하기 바란다.

책을 쓰는 작업은 마라톤과 비슷한데, '포트폴리오'의 편집팀 여러분이 최고의 코치가 되어 주었다. 에이드리언 잭하임의 한결같은 지원과 비전에 감사한다. 조엘 리켓은 이 책에 담긴 아이디어를 금방 이해하고, 대서양 건너편의 니키 파파도풀로스와 더불어 나를 믿어 주었다.

에밀리 앤걸과 캐리 페레스에게 감사한다. 덕분에 이 책을 처음부터 끝까지 더 좋은 책이 되게끔 다듬을 수 있었다. 귀중한 창의성과 에너지를 보여 준 윌 와이저, 태라 길브라이드, 테일러 플레밍에게 감사한다. 적절한 타이밍에 모든 것을 업그레이드해 준 브리아 샌퍼드에게 고마움의 말을 전한다. 내 '10퍼센트' 팀에 브리아처럼 냉철한 사람이 있다는 건 멋진 일이다. 갖가지 재능이 돋보이는 에이전트 밀드러드 위엔에게도 감사한다. 이 책에 담긴 아이디어를 곧바로 이해하고 내용을 구성하는 데 도움을 주었으며, 서로 소통할 때마다 즐거웠고 내게서 최고의 모습을 이끌어 냈다.

262

마지막으로 가족에게 감사를 전하고 싶다. 언제나 마음을 울리는 충고를 해 주는 형 마이크 맥기니스에게 감사한다. 부모님 로버트와 소냐 맥기니스에게도 감사드린다. 꼭 글을 써 보라고 격려해 주신 덕분에 엉망진창인 소설을 반쯤 썼다가 내버리고 드디어 이 책을 쓸 수 있었다. 이 책이 탄생하도록 격려해 주신 것 그리고 다른 모든 배려에 대해 마음으로 감사드린다.

- **10퍼센트 사업가** 본업이 있으나 가용 시간(및 가능할 경우 자본)의 10퍼센트를 투잡 삼아 자금 투자, 자문 등의 형태로 벤처 기업에 투자하는 인물이다. 덕분에 커리어의 안정성을 높이고 미래의 가치를 창출할 수 있다. 그뿐 아니라 새로운 일을 시도하고 재미있는 삶을 향유하며 사업가로서 필요한 갖가지 역량을 쌓아 나갈 수 있다.
- **110퍼센트 사업가형** 전업 사업가이면서 10퍼센트 사업가로도 활동하는 인물.
- **고문형** 자문, 인맥, 역량 등 다양한 전문 지식을 벤처 기업에 제공하고 지분 형태의 보상을 받는 인물.
- **기회비용** 하나를 선택하는 대신 포기한 기회의 가치, 즉 '비용'이 가장 큰 기회.

- **땀의 지분** 금전 자본 대신 시간과 식견을 제공하는 데 대한 대가로 받는 지분.
- **마니아형** 취미나 관심사를 좇기 위해 투잡으로 사업하는 10퍼센트 사업가. 전업으로 뛰어들 생각은 없으나 취미 활동보다 더 깊이 참여하고 해당 분야의 전업 사업가와 함께 하길 원하는 인물이다.
- **실사** 해당 벤처 기업에 투자하는 것이 타당한지 총괄적으로 분석하고 평가하는 과정.
- **지분** 주식 등을 보유해서 회사에 행사하는 소유권. 지분을 소유할 경우 장기 가치와 수익을 올릴 수 있다.
- **지적 자본** 10퍼센트 사업가로 일하면서 활용하는 지식과 역량.
- **지주 세입자**anchor tenant 10퍼센트 사업에 있어 사업을 개시하게 해 주는 프로젝트 혹은 사업 기회, 인물을 뜻한다. 장점을 활용하고 자산의 수준을 감안했을 때 달성할 수 있으리라 여겨지는 프로젝트를 가리킨다.
- **창업자형** 자체적으로 회사를 창업, 경영하는 10퍼센트 사업가.
- **엔젤형** 벤처 기업에 투자하고 지분을 취득하는 인물.
- **FODA**fear of doing anything 행동을 개시할 때 느끼는 두려움으로, FOBO와 FOMO가 조합되어 나타나는 효과다. 결정 장애와 절망감을 초래한다.
- **FOMO**fear of missing out 정보나 화제를 놓치는 것에 대한 두려움으로, 동시에 다른 곳에서 더 좋은 일이 일어나고 있는지도 모른다는 생

각에 한 가지 활동에 집중하여 전력을 다하지 못하는 현상이다. 최적의 조건을 지나치게 추구해서 생기는 부작용이다.

- **FOBO**fear of a better option 더 나은 선택지가 있을지도 모른다는 두려움 때문에 한 가지 일에 전력을 다하지 못하는 현상. 최적의 조건을 지나치게 추구해서 생기는 부작용이다.

이 책을 읽고 나서 당신이 10퍼센트 사업가를 향한 첫걸음을 내딛기 바란다. 아이디어, 피드백, 의견, 질문 등이 있다면 아래 경로로 보내 주기 바란다. 온라인에서 필자를 찾아본다면 앞으로 서로 소통하고, 최신 정보를 얻고, 사업상 도움이 될 만한 자료를 접하는 데 큰 도움이 되리라 믿는다.

웹사이트 www.patrickmcginnis.com

트위터 @pjmcginnis—tag your tweet with #10percent

페이스북 www.facebook.com/The10PercentEntrepreneur

금전 자본 관리

금전 자본	현재	5년
현금성 자산		
보통예금, 정기예금, 양도성 예금 등		
위탁 계좌, 주식 등		
기타		
합계		
장기 투자		
자사주 투자, 퇴직연금, IRA 등		
부동산		
10퍼센트 사업		
기타		
합계		
총 재정 자본		
예상 증감치		
(+/−) 흑자 혹은 적자 기록 금액(개인 예산 참조)		
(+) 보너스		
(+) 자산 매각(주택, 자동차 등)		
(+) 증여 혹은 상속		
(−) 대규모 구매		
(−) 계약금(주택, 자동차 등)		
(+/−) 기타		
합계		
수정 후 총 금전 자본		

개인 예산	월간 예산	연간 예산
수입		
연봉		
10퍼센트 사업 수익		
기타 수입		
총수입		
지출		
주택(융자·월세, 보험, 공과금)		
통신(전화, 인터넷, TV 수신료)		
교통(자가용, 대중교통)		
개인·가족(식료품, 의류, 여타 개인용품)		
교육(학비, 여타 학용품비)		
의료(보험료, 기타)		
여가(여흥, 취미, 휴가)		
재정(카드 대출, 학자금 대출)		
기타		
총지출		
흑자 혹은 적자 금액		

» 자기 소개 작성 사례: 패트릭 맥기니스

패트릭 맥기니스는 남미를 비롯한 신흥 시장에서 활동하는 투자자와 기업을 대상으로 자문을 제공하는 '디리고 어드바이저스'의 총무이사로서, 세계은행과 국제금융공사IFC의 사모 펀드와 벤처 캐피털에 관련된 프로젝트를 자문했다. 2013년에는 《개발도상국 중소기업의 사모 펀드와 벤처 캐피털: 기술 조력의 역할》이라는 세계은행 정책보고서를 공동 저술하기도 했다. 또한 '더 리소스 그룹'과 콜롬비아 메데인의 신생 기업 투자 펀드인 '소셜애텀 벤처스' 이사로 활동하고 있다.

현재, 맥기니스는 10퍼센트 사업가로서 미국과 남미의 여러 기업에 엔젤 투자자로 참여하고 있다. 투자한 기업은 잎시, 블루스마트, 샛맵, 넥스트랩, 위호스텔, 에버브라이트 미디어, 팬머신, 프리퍼런스랩, 모튼 앤 베드퍼드가 있으며, 버니 주식회사, 블루스마트, 프리퍼런스랩, 에버브라이트 미디어에서는 고문으로도 활동 중이다.

디리고 어드바이저스를 창업하기 전, 맥기니스는 세계 규모의 신흥 시장 투자 전문 기업인 '파인브리지 인베스트먼트'(전 AIG 캐피털 파트너스)의 부회장이었다. 파인브리지에서는 남미, 중유럽, 중동, 아시아의 신생 기업 투자와 관련하여 기회 조달, 기획, 실행, 관리 등의 업무를 수행했다. 또한 전략적·재정적 계획, 자본 구성, 인수, 사업 개발, 출구 전략 등에 관한 문제에 대해 조언했다.

파인브리지에 합류하기 전에는 제이피 모건에 몸담고 뉴욕과 상파울루의 남미 팀에서 투자전문가로 근무했다. 멕시코의 아웃소싱 콜센터인 '히스패닉 텔레서비스 조합' 이사회에서 활동했으며, 아르헨티나의 고급 아이스크림 소매 업체인 '프레도 에스에이'에서 중역 대리를 맡기도 했다. 맥기니스는 '체이스 맨해튼' 남미 지부에서 투자은행가로 커리어를 시작했다.

열정적인 여행가, 작가, 강연가이기도 한 맥기니스는 지금까지 70여 개국 이상을 방문했을 뿐 아니라 여행, IT, 비즈니스에 관한 글을 《포브스 닷컴》, 《허핑턴 포스트》, 《보스턴》, 《비즈니스 인사이더》, 남미벤처캐피털협회에 기고하고 있다. 또한 미국, 멕시코, 콜롬비아, 아르헨티나, 모잠비크 등지에서 사업, 벤처 캐피털, 사모 펀드, 신흥 시장 투자 등의 주제에 대해 강연한다.

맥기니스는 뉴욕청소년심포니의 이사회에서 활동하는 한편 신흥 시장 경제에서 비롯되는 중대한 사회 문제를 해결하려는 지속 가능한 사회적 기업을 양성하는 비영리 재단인 'NESsT'의 사업 자문으로도 일하고 있다.

조지타운대학 외교학과를 졸업했으며, 아르헨티나 부에노스아이레스의 토르쿠아토디텔라대학에서 지도자 친선 장학생으로 1년간 머물렀다. 하버드 경영대학원 MBA를 보유하고 있다. 스페인어, 포르투갈어, 프랑스어에 능통하다.

여는 글

1. "가능한 모든 도움이 필요합니다." 로이터, 2009년 3월 18일자(접속일 2015년 9월 16일)
   www.reuters.com/article/2009/03/19/financial-aig-scene-idUSN183209972
   0090319

제1장

1. 미국 노동부, 노동통계청, 〈최연소 베이비부머 세대의 취업률, 노동 시장 활동 및 소득 증
   가: 추적 조사 연구〉, 2015년 3월 15일(접속일 2015년 9월 16일)
   www.bls.gov/news.release/pdf/nlsoy.pdf

2. 진 마이스터Jeanne Meister, 〈취업준비생: 밀레니엄 세대의 새로운 표준〉, 《포브스》Forbes,
   2012년 8월 14일(접속일 2015년 9월 16일)
   www.forbes.com/sites/jeannemeister/2012/08/14/job-hopping-is-the-new-
   normal-for-millennials-three-ways-to-prevent-a-human-resource-nightmare/

3. 저스틴 베어Justin Baer · 대니얼 황Daniel Huang, 〈다시 감소하는 월가 채용〉, 《월 스트리트 저
   널》Wall Street Journal, 2015년 2월 19일(접속일 2015년 9월 16일)
   www.wsj.com/articles/wall-street-staffing-falls-for-fourth-consecutive-
   year-1424366858

4. 엘리자베스 올슨Elizabeth Olson, 〈학자금 대출의 압박에 놓인 로스쿨 졸업생, 구직 시장에서
   고전하다〉, 《뉴욕 타임스》New York Times, 2015년 4월 26일
   www.nytimes.com/2015/04/27/business/dealbook/burdened-with-debt-law-
   school-graduates-struggle-in-job-market.html?mid=nytcore-iphone-share&
   smprod=nytcore-iphone

5. 리처드 건더먼Richard Gunderman · 마크 머츠Mark Mutz, 〈잘나가는 법조계의 몰락: 잘나가는
   의료계에 던지는 경고〉, 《애틀랜틱》The Atlantic, 2014년 2월 11일(접속일 2015년 9월 16일)
   www.theatlantic.com/business/archive/2014/02/the-collapse-of-big-law-a-

cautionary-tale-for- big-med/283736/

6. 수전 애덤스Susan Adams, 〈진로 선택을 후회하는 의사가 많은 까닭〉,《포브스》, 2012년 4월 27일(접속일 2015년 10월 20일)
   www.forbes.com/sites/susanadams/2012/04/27/why-do-so-many-doctors-regret-their-job-choice/

7. 댄 히스Dan Heath와 칩 히스Chip Heath는 명저《차고를 둘러싼 거짓》The Myth of the Garage 에서 기업의 창업 스토리를 철저히 파헤쳤다.

8. 브랜든 라이시Brandon Lisy, 〈애플, 컴퓨터 혁명, 스티브 잡스와 함께 일하는 것에 대한 스티 브 워즈니악의 생각〉,《블룸버그 비즈니스 위크》Bloomberg BusinessWeek, 2014년 12월 4일 (접속일 2015년 6월 15일)
   www.businessweek.com/articles/2014-12-04/apple-steve-wozniak -on-the-early- years-with-steve-jobs

9. 〈스타트업 창업자 73%의 연봉은 5만 달러에 미치지 못한다〉,《컴퍼스》Compass, 2014년 1 월 14일(접속일 2015년 9월 16일)

10. 데이비드 테튼David Teten, 〈벤처 캐피털리스트의 관점: 엔젤 투자자(및 벤처 캐피털리스트) 가 출구를 찾기까지의 기간〉, 피어허브닷컴, 2015년 6월 16일(접속일 2015년 9월 16일)
    www.pehub.com/2015/06/vc-perspective -how-long-before-angel-investors-and-vcs-exit/

11. 〈기나긴 여정: 벤처 투자금을 유치한 IT 기업이 초기 자금 투자부터 주식 공개 상장에 이르 기까지 소요되는 기간은 7년〉, CB 인사이트 블로그, 2013년 11월 7일(접속일 2015년 9월 16일)
    www.cbinsights.com/ blog/venture-capital-exit-timeframe-tech/

12. 아마 비드Amar Bhide, 〈사업가가 유용한 전략을 짜는 법〉,《하버드 비즈니스 리뷰》Harvard Business Review, 1994년 3월 1일(접속일 2015년 9월 16일)
    hbr.org/1994/03/how-entrepreneurs-craft-strategies-that-work

13. 고시 교수는 2004~2010년에 최소 100만 달러의 벤처 캐피털을 유치한 기업을 대상으로 연구했다.

14. 카멘 노블 Carmen Nobel, 〈기업이 실패하는 이유-그리고 창립자가 다시 일어설 수 있는 이 유〉,《HBS 워킹 놀로지》HBS Working Knowledge, 2011년 3월 7일(접속일 2015년 10월 23일)
    hbswk.hbs.edu/item/6591.html

15. 빌 스나이더Bill Snyder, 〈마크 안드레센〉, 스탠퍼드 경영대학원,《인사이트》Insights, 2014년

6월 23일(접속일 2015년 9월 1일)

www.gsb.stanford.edu/insights/marc-andreessen-we-are-biased-toward-
people-who-never-give

제2장

1. 〈창업의 박차〉,《이코노미스트》The Economist, 2014년 7월 7일(접속일 2015년 10월 25일)
   www.economist.com/blogs/graphicdetail/2014/07/daily-chart-6
2. 전 '이랜스-오데스크'Elance-oDesk

제3장

1. 제프리 솔Jeffrey Sohl, 〈2014년의 엔젤 투자 시장: 계약 규모에 관한 시장 조정〉, 벤처리서치
   센터Center for Venture Research, 2015년 5월 14일
2. 졸 쾨처Joel Koetsier, 〈엔젤 투자자의 대두(인포그래픽)〉,《벤처비트》VentureBeat, 2013년 2월
   19일 (접속일 2015년 9월 16일)
   venturebeat.com/2013/02/19/the-rise-of-he-Angel-investor-infographic/
3. 닉 빌튼Nick Bilton · 에블린 러슬리Evelyn M. Rusli, 〈창립자에서 화가까지: 페이스북 부자들〉,
   《뉴욕 타임스》, 2012년 2월 2일(접속일 2015년 9월 16일)
   www.nytimes.com/2012/02/02/technology/for-founders-to-decorators-
   facebook-riches.html

제4장

1. 〈엔젤 투자자와 사업가를 위한 FAQ〉, 엔젤캐피털협회(접속일 2015년 9월 16일)
   www.angelcapitalassociation.org/press-center/Angel-group-faq/

제5장

1. 데이비드 밀랙David Mielach, 〈미국인은 일주일에 23시간 동안 문자를 보낸다〉, 야후 뉴스,
   2013년 7월 3일(접속일 2015년 9월 16일)
   news.yahoo.com/americans-spend-23-hours-per-week-online-texting
   -092010569.html
2. 메리 미커Mary Meeker, 〈인터넷 트렌드 2014-코드 컨퍼런스〉, 클라이너 퍼킨스 코필드 &
   바이어스, kpbc.com 2014년 3월 28일(접속일 2015년 9월 16일)

kpcbweb2.s3.amazonaws.com/files/85/Internet_Trends_ 2014_ vFINAL_-_ 05_ 28_14-_PDF.pdf?1401286773

3. 메리앤 허드슨Marianne Hudson, 〈엔젤 투자자에 대해 알아야 하는 중요한 사항-2014〉, 엔젤 캐피털협회(접속일 2015년 9월 16일)
www.angelcapitalassociation.org/data/Documents/Resources/ACA-Angel Background2014.pdf

4. 〈부자와 중산층처럼 저축하는 법(힌트: 집으로 하는 재테크는 제외)〉, 월스트리트저널닷컴 《리얼타임 이코노믹스》, 2014년 12월 26일(접속일 2015년 9월 16일)
www.wsj.com/articles/BL-REB-29827

5. 캐서린 뮤니츠Katherine Muniz · 모틀리 풀Motley Fool, 〈미국인이 돈을 날리는 20가지 방법〉, 《USA 투데이》USA Today, 2014년 3월 24일(접속일 2015년 9월 16일)
www.usatoday.com/story/money/personalfinance/2014/03/24/20-ways-we-blow-our-money/6826633

6. 더글러스 매킨타이어Douglas McIntyre, 〈미국인이 가장 많은 돈을 낭비하는 10가지 물건〉, 월스트리트닷컴, 2011년 2월 24일(접속일 2015년 9월 16일)
247wallst.com/investing/2011/02/24/ten-things-americans-waste-the-most-money-on/

7. 퇴직연금 중 일부를 10퍼센트 프로젝트에 투자하는 것도 괜찮다.

8. 데이비드 테튼David Teten, 〈엔젤 투자자가 되는 법과 그 이유〉, 테튼닷컴, teten.com/ blog /2014/09/16/dave-kerpen-interview-how-and-why-to-be-an-angel-investor/

9. 존 웨거너John Waggoner, 〈장기 투자자와 현금의 중요성〉, 《USA 투데이》, 2013년 7월 30일 (접속일 2015년 9월 16일)
www.usatoday.com/story/money/personalfinance/2013/07/30/cash-best-long-term-investment/2600495/

제6장

1. 이 시를 알려 준 토니 다이펠Tony Deifell에게 큰 감사를 전한다.

2. 매우 유용한 이 강의를 연구, 강연한 하버드 경영대학원의 얀 리브킨Jan Rivkin 교수에게 감사한다.

3. 데빈 배너지Devin Banerjee, 〈월가의 화려한 모성 보호 정책: 유모의 출장 동반〉, 블룸버그닷컴, 2015년 8월 13일(접속일 2015년 9월 16일)

www.bloomberg.com/news/articles/2015-08-13/wall-street-s- gilded-
maternity-perk-flying-nannies

제7장

1. 노엄 워서먼Noam Wasserman의 명저 《창업자의 딜레마: 스타트업을 망치는 함정을 예측하고 피하는 법》The Founder's Dilemmas 은 창업자가 신생 벤처에 어떤 형식으로 참여하면 좋은지 조언하고 있다.

2. 콘스탄스 베이글리Constance Bagley의 《사업가를 위한 기업법 가이드》The Entrpreneur's Guide to Business Law는 이들 주제에 관한 필독서이며, 10퍼센트 사업가가 지녀야 하는 모든 주제를 다루고 있다.

3. 법조계와 투자 분야 관계자는 이들 이슈에 관한 해결책을 대부분 공개한다. 창업자와 벤처 기업 투자자를 위해 구체적인 조언을 제공하는 책과 블로그가 많이 나와 있다. 유용한 자료 목록은 www.patrickmcginnis.com을 참고하기 바란다.

제8장

1. 인맥을 쌓는 행사 혹은 사업가 모임은 세계 곳곳에 존재한다. 사업, 투자, 사업가를 포함하여 다양한 분야를 망라하는 세계 최대의 네트워크인 밋업닷컴(Meetup.com)에서 가까운 지역의 사업가 모임이나 행사에 관해 찾아보자. 자세한 정보는 www.meetup.com/about/을 참고하기 바란다.

제9장

1. 벤 슈레킨저Ben Schreckinger, 〈FOMO의 기원〉, 《보스턴 매거진》Boston magazine, 2014년 8월 www.bostonmagazine.com/news/article/2014/07/29/fomo-history/